すべての運がたちまち目覚める

開運福顔のつくり方

日本開運学協会理事長兼家元
木村れい子

サンマーク出版

この本は、あなたの人生を変えるために書きました。

この本を読んであなたが変われば、あなたの周りも変わります。
そして、世界も変わります。

私は、本当にそう思っています。

あなたの人生を変えるにあたって、ひとつ大事なことをお伝えしたいと思います。

それは、

「人生は顔で決まります」

ということです。

こう言うと「人は見た目ではなく中身でしょ」と反論が返ってきます。
もちろん、そうです。
でも、顔が人生を左右することもまた、事実なのです。

人生がどんどんよくなっていく「運のいい顔」というものがあります。
私はそれを、

「開運福顔」

と呼んでいます。

開運福顔とは、運を呼びこむ顔です。
女性も男性も、2分でこの開運福顔になれます。簡単です。

開運福顔になった瞬間に、人生が変わり始めます。

私はこれまで1万人以上の方を開運福顔にし、その方々の人生を変えてきました。
だから、自信をもって言えます。

絶対に、あなたの運命は変わります。

私が、この本で、変えます。

あなたが何歳でも、女性でも男性でも、どこに住んでいても、どんな境遇でも、
そしてどんなお顔立ちであっても、開運福顔になってどんどん開運していけます。

仕事、お金、恋愛……あなたの欲しい運は何ですか？

あなたのその「顔」こそが、
運の扉を開く、そのカギなのです。

この魔法を、あなたもぜひ体験してください。

すべての運がたちまち目覚める「開運福顔」のつくり方

目次

プロローグ

1章

人は「顔」が9割

2章 顔を変えれば脳が変わり、脳が変われば運が変わる

3章 自分の顔は自分でつくって育てるもの

4章 あなたもたったいまから、「運のいい顔」になりましょう

装丁　萩原弦一郎（256）
本文イラスト　沢音千尋
構成　山城　稔（BE-million）
編集協力　株式会社ぷれす
本文DTP　山中　央
編集　佐藤理恵（サンマーク出版）

プロローグ

運がよくなりたかった私

あなたは「開運」という言葉は好きですか？

私は大好きです！

思い起こせば、**3歳の頃から私はずっと、「顔」と「開運」が大好きで、そのことばかり考えていました。**

それは私が肌が弱く、ひどいアトピーに悩まされていたことと深い関係があります。

開運美容研究家、顔の鑑定士、開運福顔の専門家……いまでは「お顔の総合デパート」みたいな私ですが、子ども時代の私は、肌は土色でガサガサ。昔ですから、すごく臭い軟膏を塗布していました。加えて、黒皮症という皮膚の病気でもありました。「剝がして別の顔にしたい」とすら思っていました。

体も丈夫ではなかったため、自分に自信がない幼少期をすごしてきた私は、肌のきれいな人や笑顔の素敵な人、スポーツが得意な人、明るくて人気のある人などにあこがれていました。

そして、「いいなあ、どうやったらああいうふうになれるんだろう?」「自分があるなるには、運がよくなるしかない」「じゃあ、**運がよくなるにはどうしたらいいんだろう?**」と、ずっと考えてきました。

私は「お顔のヘンタイ」

私はとにかく「顔」が好きで、自分でも「私は『**お顔のヘンタイ**』かも」と思うくらいですが、その私がますます顔に興味をもつきっかけになったある出来事がありました。

家の近くに小鳥屋さんがあり、よく遊びに行っていました。あるとき、店のおばちゃまの顔が文鳥に似ていることに気づきました。そしたらもう、おばちゃまの顔が文鳥にしか見えません。そこで、思い切って聞いてみたのです。

「ねえ、おばちゃま。なんでおばちゃまのお顔は、文鳥みたいなの？」

いま思うとけっこう失礼かと思いますが、子どもの言うことなのでそのおばちゃまも微笑《ほほえ》みながら答えてくれました。

「たくさん鳥がいるでしょ。その中で、おばちゃんは文鳥がいちばん好きなの。家でも飼っているのよ。だから似ちゃったのかな」

それを聞いた私は「大好きだと、その大好きなものになっちゃうんだ」と思ったのです。

こんなこともありました。ある日、ブルドッグにそっくりな初老の男性を近所で見かけ、その男性の顔から目を離せなくなってしまいました。じっと見すぎて「どうかしたの？」と聞かれた私は、とっさに「おじちゃまのおうちには、犬がいますか？」と尋ねました。

すると男性は「よくわかるね。ブルドッグがいるんだよ」と言います。

ああ、やっぱり！

こうして私は、子ども心にも**「顔が変わる」という事実**を見つけたのです。「好きなものに似る」という稚拙な発見だったと思います。

こうして、顔への興味は、ますます深まっていきました。「人の顔はどうしてこんなに、みないろいろなんだろう？」と思ってはしげしげとながめたり、人の顔を見て「ああ、この人はこんな人かな」などと想像したり、「この人は左右で顔が違う」とか「眉毛が短い」「おでこのしわが深い」「鼻が張っている」といったパーツの違いを観察するようになったり、**顔に関する独自の知識が蓄積されていった**のです。

そしてある日、私の人生を変える出来事が起きました。

脳が変わり、人生も変わった

18歳のときでした。「人相」の本に出会ったのです。

私は本が好きで、たくさんの本を読んでいましたが、顔に関するものは、それが初めてでした。ただ、進路を決める時期に巡り合ったことは、大きな意味があったと思っています。

書店で手に取ってパラパラとめくると、鼻に関する記述が目に飛び込んできました。

「肉厚で、丸くて、小鼻がしっかりしている鼻は財運に恵まれ、健康でスタミナがあり周りに助けられる」。そんな内容だったと思います。衝撃を受けました。

えっ！　私、そんなに強運の鼻なの？　急いで本を買って帰りました。

今度は、大きな目は「社交的で、直観力にすぐれ、目上の人からも引き立てられる」と書かれています。出目金とバカにされてきた目は、いい目なのだと。


この瞬間、私の脳が変わりました。


嫌だと思っていた大きな目が「くりくりしてかわいい」と感じます。鼻も「健康でスタミナがあるんだ！」と自信のようなものが出てきたのです。

こうなると不思議なもので「剥がして別の顔にしたい」とまで思っていた自分の顔が大好きになっていったのです。

「アトピーで悲しい思いもしたけれど、いつも笑っていたおかげで鼻が広がり、小鼻が張った。だから幸せな鼻になったんだ」と、自分の人生を肯定するようになりました。これは私にとって人生が激変する発見でした。

この頃から、肌の状態も少しずつよくなり始めました。

「顔は変わる」……。「文鳥おばちゃま」や「ブルドッグおじちゃま」の顔が思い浮かびました。そして、子どもの頃の発見が確信に変わったのです。

脳が変わると顔が変わる。顔が変わると脳が変わる——と。

文鳥を大好きなおばちゃまが文鳥顔になったように、ブルドッグを愛するおじちゃまがブルドッグ顔になったように。

そして「運がいい顔だ」と本に教えてもらったことで、脳が変わり、自信を得て、顔が変わっていった私のように。環境によって顔がつくられることを知りました。

これがきっかけとなり、私は「美容の道に進もう」と思うようになりました。

顔を変えることは、脳を変えることになると思ったからです。私みたいに自信のない人も、顔を磨いて眉をしっかり描けば人生が変わるのではないか、と思ったのです。

人間の顔は環境でつくられますが、自分でもつくることができます。顔を磨いて眉をしっかり描けば、運は変わります。それも、とてもよいほうに。

なぜかというと、**自分の顔を好きになり大事にすると、ご先祖と福の神が喜んで、人生を応援してくれる**からです。これはあとでまたご説明しますが、私が46年に及ぶ「顔と運の仕事」をしてきた中で確信してきたことなのです。

もちろん、両親や周囲の人は驚いたと思います。当時の私はガサガサの肌をしていましたから、美容業はいちばん遠い仕事のはずでした。

こうして「お顔のヘンタイ」である私の研究が本格的にスタートしたのです。

開運福顔はあなただけでなく、社会も変える

顔には、人生や運命を一瞬にして変える力があります。

顔が変わった瞬間、考え方や行動が変わります。

また、私のように、自分の顔を好きになった瞬間に、人生は明るくなります。そ

のことは確かです。

そして、その変化は劇的です。

自己啓発の本を読んでも、セミナーを受けても、これほど劇的に変わることはないと思います。でも、**顔を変えれば、一瞬で考え方や行動が変わる。**

こんなに速効性があり、こんなに持続性のある方法はほかにありません。

秘密は鏡です。鏡を見るたびに、脳が無意識のうちに自分を認めるからです。本やセミナーの内容は忘れてしまっても、自分の顔を見ない日はありません。

鏡に映った顔が、直接、脳に語りかけます。「私は運が強い顔なの」と。そして応援してくれるご先祖や福の神が「すごいね」「大丈夫だよ」「いいね！」と口々に言ってくれます。

誰でもそうですが、一日の中で何十回も気分が変わります。誰かからのひと言に落ち込んだり、小さな幸運に気分がよくなったり。上がったり下がったり、アップダウンの激しい波の中を生きています。

そうした波を、できるだけ平坦《へいたん》にできれば、心は穏やかでいられます。「開運福顔」は、こうした心のコントロールにも有効です。鏡を見るからです。鏡を見るたびに、顔が脳に語りかけ、ご先祖や神様が応援してくれ、心をリセットしてくれるのです。

私の顔相学の講座を受けてくださっている大きな企業の社長さんが、こんなことを言ってくださいました。

「開運福顔は世の中を変える。みんなが実践したら社会は間違いなく変わる」と。

そんな日がくることを望み、この本を書いています。

ただの「整った顔」より、どうせなら「幸せで運のいい顔」に

顔に関してコンプレックスの塊だった私が一瞬にして変わった。そして、50年近

く顔の仕事を続け、いま、こうして本を書かせてもらっている。
これはもう奇跡と言っていいでしょう。
でも、逆に言えば、**誰にでも奇跡は起こる**、ということでもあるのです。
事実、私はこれまで本当に多数の奇跡を目の当たりにしてきました。

顔を光らせた瞬間に、運勢が上昇し、エネルギーに満ちあふれ始める。
眉を太く長く描いた瞬間に、自信があふれ出し、才能が発揮され始める。
頬を丸く玉のようにした瞬間に、顔が光り輝き、愛され始める。

こうしたことが、本当に起こるのです。
生きる力が湧き出てきて、人生がどんどんよくなっていきます。

ショックな出来事があり落ち込んでいるときでも、顔を開運福顔にしてしまえば
脳はコロッと変わり、元気が出てきます。「元気を出して」と言われるよりも簡単

に立ち直れます。

脳を変えるには、顔を変えるのが、もっとも手っ取り早い方法です。

簡単です。2分でできます。

男性も眉毛を描き、クリームを塗るだけですから、メイク感などありません。お子さんや年配の方にもおすすめです。元気とエネルギーが湧いてきます。

自分の顔を好きになれば、それだけで開運していく

私がこの本で紹介する開運福顔は、女性誌で紹介されているような「美を追求したメイク」とは少し違います。また、男性にもおおいに関係のある、大切なことです。

開運福顔は、福を呼び込み、福の神に愛される顔のことです。

顔を磨くとぴかぴかキラキラになるので、福の神があなたを見つけてくれ、うしろにぴたっとついてくれます。

もって生まれた運を大事にして、運をどんどんいかし、運を逃さない顔のことです。

「整っているけれどそれだけの顔」の人が、世の中にはたくさんいます。

でも、せっかくですから**「幸せで運のいい顔」「ご先祖や福の神に愛され応援される顔」**になりませんか？

あなたの本来の幸運をいかして「開運福顔」をつくってみましょう。

なぜ運が開くのか？　どうやって開運福顔になるのか？

その秘密をこれからじっくり話します。

あなたの運が、確実に上向いていくことをお約束します。

人間は、誰もが、奇跡的に命を授かり、生まれてきます。両親だけでなく、ご先祖の命のバトンを受け継ぎ、この世に誕生してきた特別な存在です。

運や与えられた宿命はひとりひとり違うかもしれませんが、すべての人が「幸運の体現者」として、この世に送り出されてきました。それは人間のことをかわいいと思う神様が「幸せになるように」とつくったからです。

その幸運の情報が、ひとりひとりの顔に、しっかりと刻まれています。

自分の顔を好きになる、ご自愛することは、本来の「幸運」を思い出す、取り戻すための最高のきっかけなのです。

1章

人は「顔」が9割

人は「顔」が9割

数年前に『人は見た目が9割』（竹内一郎著・新潮社刊）という本がヒットしました。「見た目」で人を判断する力は、人間が生まれながらに備えた生存本能や防衛本能とも関係しているのかもしれません。「安心な人、危険な人」を見分けなければ、命に関わるからです。

そうした本能とは別に、人の顔をもとに、性格や気質、才能、運などを教えてくれるのが「観相学」です。過去の膨大な経験を蓄積し「こういう顔の人は○○だ」と体系化したものです。もちろん、コンピュータのない時代のものですが、データを解析した点では「統計学」とも言えるものです。

観相学は一説によると、18世紀にスイスのラバーターという牧師が「人間の本性は容貌に現れる」という考えを本に書いたのが最初だといわれます。

でも、実際にはもっともっと古く、達磨大師がそれを説いていました。

達磨大師とは「だるまさん」のモデルになったお坊さんです。150年生きたといわれています。ただし、5〜6世紀に活躍した達磨大師の教えは、1500年たったいまも受け継がれています。これは、達磨大師の説く教えが正しく、いつの時代にも通用したからでしょう。

私が学んだ観相学にも、達磨大師の教えが深く関係しています。

私の観相学の師である藤木相元先生は、達磨大師の観相学をもとにして「顔は脳の看板である」と説いています。

人生を左右するのが「運」なら、その運を支配するのは「顔」。そしてその顔をつくり上げるのは「脳」なのだ、と。

それは私が確信してきた顔が変わると脳が変わり、脳が変わると顔も変わるという考えと一致していました。観相学に私が夢中になったのはこのためです。

子どもの頃から蓄積してきたお顔の考察を「ああ、やっぱりそうなんだ」と、まるで「答え合わせ」をする感覚で学ぶことができたのです。

そして、私は思いました。

「運のいい考え方をするとそれが顔に現れ、運がよくなっていくのなら、顔を先に『運のいい顔』に変えたらもっと早く運がよくなる」

これはすごい発見でした。

以来、それを実践してきて、自分でも「運がよくなった！」と思います。

顔は運であり、運は顔である

観相学や人相学は、占いではありません。人格や運の勢いが顔に現れることを知った先人たちが、それを集積して体系化した統計学なのです。

ところが、面白いのは、私たちの誰もが、観相学や人相学を学ばなくても、無意識のうちに人の顔を見て「その人がどういう人か」を判断していることです。

あなたもそういうことはないですか？

人の顔を見て、第一印象で「この人はいい人か、悪い人か？」などと考えます。

もちろん、見た目の判断が、すべて正解というわけではありません。

だからこそ「開運福顔」にしておくことが大切だと私は考えます。

長くお付き合いをすれば、その人のよさを知ることができます。でも、ぱっと見の第一印象があまりよくなかったら、きちんとお付き合いをする機会さえ失われてしまいかねないのです。損ですよね。

これではいろいろな運を逃すことにもなり、実にもったいない！

多くの人は、顔というものを「美人」「かっこいい」「かわいい」あるいは「好みかどうか」などのモノサシで測りがちです。

もちろん、それも大事でしょう。

でも、それより大事なのは、運です。

ほとんどの人は「顔が運を左右している」ということを知らないので、よけいにそんなこと考えませんよね。

運のいい人の周りには運のいい人が集まってきて、運の輪が広がります。

顔は運を引き寄せる看板なのです。

顔は運。運は顔――。まずは、この事実を知ってほしいと思います。

人格や運気は顔にはっきりと現れる

私たちは、悲しいときは暗い表情になり、うれしいときは笑顔になります。楽しいことを考えると顔は明るくなり、不安に支配されると暗くなります。考えてそうしているわけではなく、自然にそうなります。なぜでしょう？

顔と脳は密接につながっているからです。表と裏の関係なのです。

顔はさらに、運とも結びついています。

私たちはみな、ひとりひとり違う運をもって生まれてきます。これを「宿命」と言います。その運を顔に刻んで、違う顔で生まれてきます。

ところが、顔はずっと同じではありません。子どもの頃といまでは、かなり違います。もちろん、それは体が成長するからですが、それだけではありません。脳が刻々と変わり、それによって思考や行動が変わる。そして、運命や運勢も変わっていくからです。


「運命は決まっている」と言う人がいますが、私はそうは思いません。

たしかに、もって生まれてくる「宿命」はあるのかもしれません。しかし、運命や運勢は変わっていきます。思考や行動が変わるのですから、未来だって変わっていきます。これは当たり前のことでしょう。

そう考えると、運命や運勢を決めているのは脳だと言えます。

誰かが定めているわけではなく、自身の脳が決めているのです。

そして、**脳は顔とつながっていますから、顔にも運が現れる**というわけです。

「経営の神様」といわれた松下幸之助さんが大きな福耳をしていたことは、よく知られている話です。でも、若い頃の写真を見ると、それほど大きくはありません。

松下さんの大きな開いた耳は、人の話を深く聞き、わずかな情報も聞き逃さない生き方をするうちに「幸運の福耳」が育っていったのだと思います。

あなたは、**顔に運が現れる生き方**をしていますか？

顔の12宮からこの先の運命が見える

ここでちょっとだけお顔の面白さをみなさんと共有したいと思います。

観相学では「12宮」と呼ぶ、運勢を現す顔のエリアがあります。

次ページに12宮と、それぞれのエリアに現れる運勢を簡単に示しました。

この本は観相学がテーマではありませんが、このあと折に触れてこのエリアのお話も出てきますので、ここを見ながら「顔のここが、こんな運と関係しているのか！」と思って読んでいただけたらと思います。**自分の運勢を知り、運気を上げる上での参考**になるはずです。

また、詳しくは後述しますが、この12宮の「自分が欲しい運」のエリアにクリームをぬってつやを出したりマッサージしたりすると、その運がどんどん育っていくのです。欲しい運がある方は、この12宮の図をつねにチェックするといいですよ。

【12宮が示す運勢】

①官禄宮《かんろくぐう》（額の中央）……出世、社会、仕事、地位
②命宮《めいぐう》（眉間）……願望達成、健康、生活力、精神力
③遷移宮《せんいぐう》（こめかみと髪の生え際付近）……旅行、引っ越し、出張
④兄弟宮《きょうだいぐう》（眉毛）……寿命、家系、きょうだい、生命、才能
⑤福徳宮《ふくとくぐう》（眉の上部付近）……金運、財運、商売
⑥妻妾宮《さいしょうぐう》（左右の目尻）……夫婦、情事、結婚
⑦田宅宮《でんたくぐう》（目と上まぶた全体）……不動産、愛情、人気、家族
⑧男女宮《だんじょぐう》（涙袋）……子宝、性生活、子宮、男性器
⑨疾厄宮《しつやくぐう》（鼻筋）……健康
⑩財帛宮《ざいばくぐう》（鼻の頭と小鼻）……金運、財運
⑪奴僕宮《どぼくぐう》（ほうれい線の下部一帯）……部下、晩年、家庭、住居
⑫相貌宮《そうぼうぐう》（顔全体）……全般的な運勢、健康運、人格、人柄

運勢とは、文字通り「運の勢い」のことで、その人の運がどうなっていくかということ未来の運のこと。この12宮を見れば、未来が見えてくるというわけです。

私の経験では、この12宮には「これから2か月後」くらいの運が現れます。

それぞれの運を表すエリアがくすんでいたら、あまりよくないことが待ち受けているということになりますし、逆にぴかぴかつやつやできれいだったら、この先とんでもなくいいことが起こるということになります。

しかしこれだけで終わらせなどしないのが、「開運福顔」です。

顔相学や人相学を40年以上学び、1万人以上の方のお顔と人生を「幸せで強運」に変えてきた私にかかれば、逆に2か月後の「とんでもなくいいこと」を確実に呼び寄せてしまうこともできます。

この12宮はあくまでも「基本的な考え方」なので、その人のお顔の運の細かいところまで読み取って的確なアドバイスをし、運をこれでもかと上げてさしあげるのが私の腕の見せ所。なので本当ならお顔鑑定を受けていただいてじっくりお話しし

12宮の位置

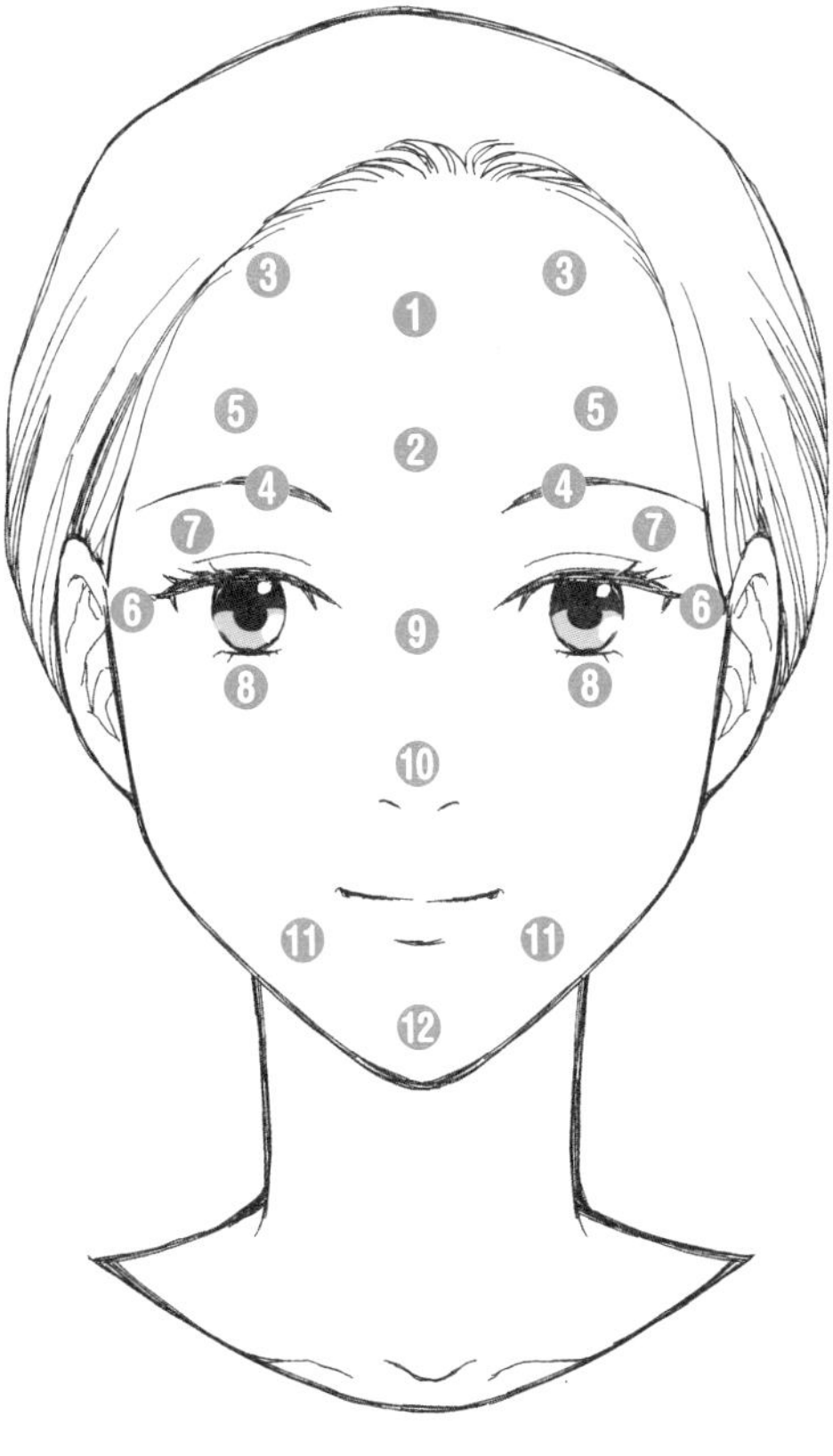

観相学の12宮

❶ 官禄宮《かんろくぐう》
❷ 命宮《めいぐう》
❸ 遷移宮《せんいぐう》
❹ 兄弟宮《きょうだいぐう》
❺ 福徳宮《ふくとくぐう》
❻ 妻妾宮《さいしょうぐう》
❼ 田宅宮《でんたくぐう》
❽ 男女宮《だんじょぐう》
❾ 疾厄宮《しつやくぐう》
❿ 財帛宮《ざいばくぐう》
⓫ 奴僕宮《どぼくぐう》
⓬ 相貌宮《そうぼうぐう》

たいところですが、まずはポイントだけでもこの本でお伝えできればと思います。

この本には私の鑑定や講座の内容の中から「**これだけでもやっていただければ運気がみるみる上がる！**」「**ここに気をつければこれから先の人生は右肩上がり！**」というものだけを詰め込みました。全部でなくても、できそうだなと思うものから実践してみてください。そうすれば、自分のお顔がますます好きになり、運もさらに開けていきます。

どうですか、楽しくなってきたでしょう？

顔に現れる運気を「予知」ではなく「予言」にしてしまう

私がお顔を鑑定するときは、**その人のもともともっている運を開き、ご自分の運を知り、それを強みとして自信をもって現在と未来を迎える**ために行います。

「あなたの口は『富貴の相』で、行動力も指導力も抜群です。生活力もあるので幸せな家庭を築けますよ。財運もあります。すばらしい口ですから、リップクリームをぬっていつも大事にしてあげてくださいね」というふうに、その人の持っている運とその育て方などを具体的に詳しくお伝えします。

顔はご先祖からいただいた遺伝子の伝承が現れます。

私はその人の顔、とくに各パーツを見ることで、**どういうご先祖が応援してくれているのか**がわかります。

観相学が占いではなく統計学・自然科学だからできることです。

これが占いだと、現状の悪い点をズバリ指摘するということもあります。欠点や暗い未来を示すことで注意を促そうという親心なのだと思いますが、言われたほうはあまりいい気持ちがしませんよね。

「あなたのお顔には不運が現れています。大変なことが起きますよ」

こんなふうに言われたらどうですか？

何が起きるのだろうと、びくびくして、元気がなくなってしまいます。あなただけでなく、周囲の人も、引きずられて落ち込んでしまいます。こうなったら、よけいに悪いことが起きてしまうでしょう。

運をよくするための鑑定が、逆に運を悪くしているケースがあるのです。

ですから私は、お顔の鑑定ではとにかくその方のもっている「もともとの運」について、「こうしたらもっとよくなる」ということ、それに、その方が望む運がどうしたら上がるかなど、「未来がよくなる」というプラスの面から、その人の運がますますよくなる話をするように心がけています。

「予知」するのではなく、「予言」に変えてアドバイスするのです。

私にはその人が自分の顔をどんなふうに大事にすればもっと運が開けていくかがわかるのです。

「いまの自分」に「なりたい自分」もプラスする

12宮を見るときの基本は「つやがあるのがよい」つまり光っているのがよいということです。

血色がよい、つやがある、明るい、磨かれているという状態のときには、その部分が光って見えます。

反対に、くすんで見えるときは、あまりよいとは言えません。

ご自分の顔を鏡で見てください。つやがありますか？ くすんでいませんか？


もしも暗く見える場合は、どうしたらよいのか？

簡単なことです。**光らせてしまえばよいのです。**

暗いなら、明るい色で補う。汚れているなら洗う。傷があるなら治す。眉がぼんやりしているならはっきりと描く。

これだけで開運福顔になります。

「暗いと運勢が落ち、明るいと運勢が上がるのなら、それを先に光らせてしまえばいい」

そう考えたのが、開運福顔の始まりです。

私の考えは見事にはまり、多くの人の運と未来を明るく開いてきたのです。

顔を磨くことは金運を磨くこと

金運や財運は、老若男女を問わず、みなさんがとても気になる運勢です。

12宮では、5番の「福徳宮」が、金運や財運、商売の運勢を現します。

福徳宮は眉の上部ですが、男性はここがとても残念な人を見かけます。

たとえば、仕事をがんばっているのに、お金がなかなか入らないという場合。こういう方の福徳宮に目をやると、お手入れが足りていないことが多いです。うぶ毛が生えっぱなしだったり、汚れていてくすんで見えたりします。

男性の多くは、洗顔時にバシャバシャと洗うだけ。隅々までは洗わず、ましてや眉の上などはほったらかしの人が多いのではないでしょうか。**大事な金運や財運のエリア**ですから、今日から丁寧に洗うことをおすすめします。

金運や財運に関しては、鼻の頭と小鼻もきれいにして光らせておきたい場所です。12宮の「財帛宮」がこのエリアだからです。

小鼻の毛穴の黒ずみや鼻の脇の皮脂などで、このエリアもくすみがちです。ここがくすんでしまったら、くすみがちな人生になります。

「洗顔するときは、隅々までしっかり洗う」と心がけるだけでも、顔の光り方がまったく違ってきますよ。

お顔磨きは金運磨きと思えば、これからは大切に洗おうという気持ちになるのではないでしょうか？

もちろん、洗顔後もほったらかしにせず、化粧水やクリームなどで保湿もしてあげてくださいね。

金運だけではなく、もって生まれたすべての運をどんどん育てていきましょう。

人も運も、明るい顔のほうが好き

ここで少し「運」というものについて、考えてみたいと思います。

開運福顔になると、自分の脳が変わり、行動が変わる。それによって未来が変わっていくと話しました。

また、開運福顔になることで、人からどう見られるかも変わるので、それも運を引き寄せる大きな要因になります。


「明るい顔の人」と「しかめ面で暗い顔の人」。

あなたは、どちらの人と友だちになりたいでしょう？

「明るい顔の人」ですよね。

明るく、笑顔の人といるほうが楽しそうです。

明るいは「あ、かる（軽）い」。心おきなくすごせるのです。

また、どちらの人と仕事をしたいかと聞かれたら、やはり「明るい顔の人」だと思います。

パワーをもらえたり、よいことが起こったり、そんな予感がしますよね。「一緒にがんばろう」と、自然に手を取りたくなります。

これが他者から受ける幸運です。

明るく光った顔をしていると、自分の脳だけでなく、相手の脳もコロッと変わるのです。

もちろん、暗い顔の人に対して「どうしたの?」と手を差し伸べる人もいるでしょう。でも、できれば「この人といると楽しい!」と思って人が来てくれるほうが、運はずっと開けるのはわかりますよね?

顔を磨くと、「見えない力」が味方になってくれる

運の中には「目に見えない力」も含まれています。

たとえば、あなたは「虫の知らせ」というものを経験したことはありませんか。

なんとなく嫌な予感がする、という説明のつかない感覚です。

仏壇やお墓に手を合わせるのは、なぜでしょう?

ピンチのときに「神様お願い」と思わず祈るのはなぜでしょう?

おそらくそれは「目に見えない力」を感じ取っているからだと思うのです。

そうした「見えない力」も、人間と同じように、明るいものに引き寄せられたり、味方になって力を貸してくれたりするのです。

私はいつも顔を光らせているので、**未来の先取りができる**のです。ご先祖や福の神が「こうするといいよ」といつも教えてくれるからです。すると、よいご縁が広がり、よい人の引きが強くなっていきます。

私だけでなく「開運福顔」にした方が、奇跡としか思えないような経験を、次々とされていることも、「目に見えない力」の働きを実証していると言えます。

不思議な私の体験を話したいと思います。

私は、日本を代表する経営コンサルタントである舩井幸雄先生の本を読み、その教えに深く感銘を受けました。経営についてだけでなく、人間とは何か、生命とは何か、人はどう生きるべきかなど、人間学を独自の視点で説いている舩井先生を尊敬し、新刊が出るたびに、本をむさぼり読んだほどです。そのときはいつも、「舩井先生にはいつか個人的にお会いできる」とはっきりイメージしながら読んでいました。私は「この人に会いたい」とか「この人には会える」と思うと、実際にお会いできたという経験が本当に多かったので、船井先生もきっと、と思っていました。船井先生の成功哲学は「目に見えない力」も肯定的にとらえていました。多くの経営者やビジネスマンが師事し、亡くなったいまも多くのファンがおられます。

その船井先生と、私はあるとき、奇跡的なご縁をいただいたのです。

飛行機で、自分の座席まで歩いていく途中のことでした。

前方のシートから男性の頭が少しだけ見えていました。私はその瞬間、「あっ、船井先生だ！」と思い、そして「私の席はあの隣だ」と直感したのです。

はたして、それは本当に船井先生で、そして私の席はその隣でした。その瞬間、「やっぱり！」と思いました。

私は客室乗務員の方がおしぼりをもってきたので2つもらい、思い切って声をかけました。

「あのう、船井先生ですよね。よろしければお使いください」

私がおしぼりを差し出すと、船井先生はちょっとびっくりした顔をしていらっしゃいました。それはそうですよね、見ず知らずの女性から突然話しかけられ、おしぼりを渡されたわけですから。

私が大ファンだということを手短に話し、そしてここがすごいところなのですが、そのとき鞄の中に船井先生の本をもっていて、それにサインをお願いしたのです。

これには、さすがの船井先生も驚いたようですが、快く応じてくださいました。そして、「実は今度、私が主催する会で沖縄に行きます。よかったら一緒に行きませんか」とお誘いを受けました。

ここまでのストーリーは、実は船井先生の本を読みながら全てイメージしていたことでした。それがその通りになったのです。

私はこのように、いつも少し先の未来がひらめいたり、「こうなるだろう」という直感が強くはたらいたりします。それはすべて、私が**つねにお顔を磨いて「運のいい顔」「運を受け取る顔」にしているる**から、いろいろとおりてくるということだと思っています。

そして船井先生のお顔を思い返すと、やはりつやつやぴかぴかで、さらにいつもにこにこと笑顔でいらっしゃいました。だから直感やひらめきで私のことも瞬時に察してくださったのでしょう。

翌日、秘書の方から本当に連絡をいただきました。そして、すばらしい経営者の会に参加させていただきました。

これが船井先生との不思議なご縁の始まりでした。

その後もいろいろな勉強会などに誘っていただき、私は人知の及ばない「この世の真理」や「人間の本質」を学ぶ幸運を得たのです。

開運福顔は、このような「見えない力」も味方にするものです。

「お顔磨きを続けていてよかった！」と、私は心から感謝しました。

女性が元気で輝く家や会社が、結局よくなっていく

ところで、女性はなぜ、お化粧したり、着飾ったりするのでしょうか?

極論すると、人から「きれいだね」「かわいいね」と認めてもらうためかもしれません。だからなのか、人と会わない日には、お化粧もせず部屋着のままですごす人も少なくありません。

私のクライアントさんの中にも、そういう人は多くいます。でも、運を大事にするなら、それではいけません。ここまで話してきたように、開運福顔は、人に見せるためだけのものではないからです。

自分の脳を変え、見えない力も得ながら、福を招くものだからです。

それに、家の中で女性が光り輝く存在でいると、家運も上がります。ですから、私はいつも女性を「女照女神《アマテラスメガミ》」と呼んでいます。家の中を照らす女神なのです。

世の中には何百、何千種類のメイクがあります。どれもすばらしいものですが、その多くは「人に見せる（人に見られる）」ためのメイクです。

開運福顔は、根本的な目的が違います。

開運福顔は、福を呼び込み、福の神に愛される顔にすることです。

「本来の運を育て」「運をいかし」「運を逃さない」顔にするためのものなのです。

家相や風水を例にすると、わかりやすいかもしれません。

福の神を招くために、玄関をぴかぴかに磨いたり、照明を明るくしたり、植物を飾ったりします。家の隅々まできれいにし、大切にすることが基本です。汚れた家は貧乏神を呼び込んでしまうからです。

そう言えば私の知人で、片づけの苦手なお母様のいる男性のことを思い出しました。家の中が散らかりがちなので、「もうちょっと片づけようよ」と何度も言ったそうなのですが、だめだったらしいのです。

それが、たまたま雑誌を読んだときに「家の中が片づいていたほうが運気が上がる」というような記述を目にして「これだ！」と思ったそうです。

すぐお母様に「部屋を片づけると開運するらしいよ」と言ったところ、なんとお母様はすぐに片づけ始め、それ以来、以前よりも散らかることが少なくなったとか。

やはりみなさん「開運」したいですよね!?

開運福顔も同じです。自分の顔を好きになる、ご自愛をすることで、福の神がやってくるのです。

ですから、朝起きたらすぐに、そして夜ベッドに入る前も、お顔磨きをするのが基本です。福の神や貧乏神は、どこにいるかわかりません。

つねにキラキラ、つやつや、ぴかぴかにしておくことで、福の神を招きやすく、貧乏神を遠ざけやすくなるのです。もちろん、男性にも共通のことです。

顔も家も「磨く」のは、覚悟を磨くようなもの

私は、神様はいると信じています。「見えない力」が存在することも信じています。

「顔を光らせておくと福の神が寄ってくる」という理由を、科学的に説明することはできませんが、なぜ、これほど自信をもって言えるのか？

それは、私のこれまでの経験と、お顔鑑定での多数の実例からそう言えるのと、もうひとつ「人間学」からも言うことができます。

たとえば、家を丁寧に掃除すると、自分と向き合うことになります。ほうきや雑巾がけをすると「ああ、1日でこんなに汚れが出たのか」と実感します。「今日は面倒くさいな」と思って掃除をしないと、翌日2倍の汚れが出てきます。すると「やっぱり毎日続けることは大事だな」とか「一時的に逃げても、結局、始末は自分でするのだな」とわかってくるのです。

お顔磨きも、まったく同じです。

自分のお顔は、自身で磨くしかありません。お顔磨きを1日怠れば、1日分汚れます。毎日、お顔磨きを続けると、どんどんきれいになり、発光してくるのを実感できます。すると、自分の顔がどんどん愛《いと》おしくなってきます。

自分の顔は、自分だけのもの。自分で磨き上げる――。これはある意味、**お顔へ**

の「覚悟」なのかもしれません。

何事もそうですが「絶対にやりとげる」と覚悟を決めて行動すると、周囲に波及していきます。そして応援者が現れます。最初はひとりかもしれません。でも、ふたり、3人、10人、100人と増えていきます。

「たかがお顔磨きでしょ。覚悟とは大げさな」と思う人もいるかもしれませんが、**覚悟には人を巻き込む力がある**と、私は信じています。現に私がそうです。覚悟を決めてお顔磨きを続けたおかげで、多くの方に応援していただきました。

時間はかかりましたが、医師から「治りません」と言われた黒皮症も35歳のときに完治したのです。

10年ほど前でしょうか。「トイレの神様」という歌が流行《はや》りました。「トイレには神様がいるので、きれいにしておくと神様が喜んで、いいことが起こる」というのは、歌だけではなくあちこちで同様の言い伝えもあり、また、それを実践して実際にたくさんの奇跡が起きたというような話もたくさんあります。

私の本棚にもこの類いの本がたくさんありますが、その中にトイレ専門の清掃会社の社長さんが書かれた『トイレの法則』（ＰＨＰ研究所刊）という面白い一冊があります。著者の星野延幸さん曰《いわ》く、「トイレはあなたを映す鏡です。磨けば会社もこころも変わる」とのこと。

これを読んで、私は自分の「お顔磨き」にますます自信を深めました。「トイレを磨いて人生が変わるなら、自分の大事な顔を整えたら開運するに決まっている」と思ったからです。なぜなら、あなたの顔にも実は「神様」がいるからです。

あなたの顔は200万人の人生でできた尊いお顔

私は父と母から生まれた子です。だから父にも似ているし母にも似ています。

学生時代、ソラマメを例に「遺伝子」について習った記憶がありますが、ここではむずかしい生物の話ではなく「顔の遺伝」について、簡単に話します。

私が父や母の顔に似ているように、父もその両親に似ていて、母もその両親に似ています。もちろん、祖父母もそれぞれの両親に似ているはずです。そうやって、代々少しずつ似た部分を受け継いで、いまの私の顔があるのです。

あるとき私は、ふと**「どれくらい多くの人からこの顔を受け継いだのか」**と気になり、ご先祖を数えてみることにしました。

1代前は両親なのでふたりです。

2代前は、父と母にそれぞれ両親がいるので4人です。

これだけでも、私は6人のご先祖の顔を受け継いだことになります。

せっかくなので、もう少し遡ってみましょう。

3代前は8人。4代前は16人。5代前は32人………10代前は1024人。

20代前は104万8576人。

このご先祖を全部合計すると、209万7150人になるのです。

すごいと思いませんか？

20代前って古代？　なんて言う人がいますが、そんな昔ではありませんよ。

1代はおよそ30年とすると、20代前はわずか600年前です。鎌倉幕府の滅亡が1333年なので、それ以降の話です。

そこからのご先祖だけでも、およそ210万人もいるのです。

途方もない数のご先祖から、私はこの顔をいただいたのだ。そう考えたら自分の顔がますます貴いものに思えてきました。

「こんな顔」と嫌ったり、粗雑に扱ったりしたら、ご先祖に申し訳ありません。

そして、大切にしていたら喜んでくださいますし、力を貸してくれます。

200万人いるご先祖の中には陽気な人、暗い人、いろいろな人がいたと思いますが、ぴかぴかと明るい顔にしていたら「お前はいいなあ」と陽気なご先祖や運のいいご先祖が出てきて、人生を応援してくれるのです。

これを私は「**ご先祖応援団**」と呼んでいます。

私はいつも力をもらっています。

ご先祖から代々受け継いだお顔を、いまを生きる私がお預かりしている。そう考えると、責任をもって磨いていかなくては、と思うのです。

それと同時に、私の鑑定を受けてくださった人に、どんな運をおもちでどう育てていけばいいのかということと共に、どんなご先祖がその人を守って応援してくれているのかをしっかりと伝えていかなければ、という気持ちになります。

鏡を見ることは神様と対話すること

私は鏡をとても大事にしています。顔を見るためには鏡が必要だからです。手足は自分の目で見ることができます。でも、顔は自分では見られません。鏡がないと、自分の顔を映すことができないのです。

神社に行くと鏡が祀《まつ》られています。諸説あり、太陽を指しているとか、神様が宿る依代《よりしろ》などといわれます。

私が「なるほど」と思ったのは、鏡は神と対話する道具だという説です。「かがみ」は「か・が・み」。真ん中の「が」を「我」に置き換えると、**「かみ」と「我」が対話する行為**だと言うのです。

顔は脳の看板です。思考や行動は顔に現れます。つまり、**鏡に顔を映すことで、**

自分の心と向き合っているわけです。

暗い影はないか、明るいかと、自分の心をチェックすることになるのです。

そうやって、鏡と向き合いながら、**明るい顔を維持し、脳と心が明るくなる**よう心がけています。もちろん、鏡はいつもぴかぴかにしておきましょう。

鏡といえば、私が生まれ育った鎌倉の鶴岡八幡宮には鏡のお守りがあります。

「美心守」という名前で、中に鏡が入っています。

そこにはこんなふうに書いてあります。

「『鏡』は神様の大切な象徴《しるし》であり、そして自身の心の中を映し出すことに意味があります。

真の美しさと清らかさは内面から。

美しい心に神様の徳《しあわせ》が宿るよう祈願致しました」

鏡の中の神様と対話することで、顔も心も美しくなり、守られてください。

「ご自愛」の大切さを知りましょう

お風呂上がりの顔を鏡に映したとき、「あ、シミが！」とか「たるんできたな」など、気になることを発見したり確認したりする人は多いはず。年齢を重ねるほど、その傾向は強まります。するとどうなるでしょう？

気分が落ちたまま、眠りにつくことになります。

そして朝、どんよりした顔を鏡に映し、最悪の状態で一日のスタートを切る。

これでは運気が下がるのも当然です。

だから、私はお風呂上がりや就寝前には、バシャバシャと浴びるほど化粧水をつけます。十分に保湿をして、満足してから眠りにつきます。

寝ているときも油断しません。ベッド脇のテーブルに置いたクリームを手探りし、寝ぼけながら塗るほどです。

朝はベッドから出たら洗面所に直行です。すぐに洗顔して、十分に保湿をし、クリームを塗りながらマッサージをして、メイクをします。

おかげで、64歳のいまも、ぴかぴかでつやつやです。

私は美人ではありませんが、「幸せで運のいい顔だ」とは思います。

ぴかぴか、キラキラしているから。明るくて丸いお顔をしているからです。

もちろん、還暦をすぎましたから、鏡を見て「大変！」と思うこともありますよ。

そんなときは、すぐにお手入れをします。

そのままにすると、自分の運も下げ、周りの人の運も下げてしまうからです。

「ご自愛」という言葉があります。読んで字のごとく、自分を愛していたわることです。でも、これを実行している人はどれだけいるでしょうか？

みなさん、自分以外の方に「ご自愛ください」と言いますが、そのくせ「ご自愛」を自分に向けてはいないと思います。

「ご自愛」は自分のためにある言葉です。「ご自愛、ご自愛」と自分に言い聞かせながら、洗顔やマッサージ、身支度などをしてあげてください。そうすれば、「愛されてる！」と体のほうも反応し、あなたのために若々しく健康に、きれいになっていってくれることでしょう。

顔に現れる「人生の3つの運期」

人生を通しての運勢を見るときに、おおよそ3つの年代に分けて見ます。それを「人相の三停」と言います。（65ページの図参照）

①上停（初年運）：髪の生え際から眉まで。0～29歳までの運を現します。
②中停（中年運）：眉から鼻の下まで。30～54歳までの運を現します。
③下停（晩年運）：鼻の下からあご先まで。55歳～死ぬまでの運を現します。

それぞれの運について、簡単にお話ししましょう。

①上停（初年運）

［運の意味］一生涯の運・不運。

額はアンテナのようなもので、天からの恩恵を受ける場所です。神様や仏様、ご先祖、その他、目に見えない力の応援の有無がわかります。また、両親や親族、目上の人から受ける運も現しています。

［よい相］肉付きがよく、光っている。

［その他］知性や知力もここに現れます。

②中停（中年運）

［運の意味］社会に自分を押し出す力。

仕事運や社会運、健康運、愛情運など、人生を左右する大事な運が現れる場所です。ここがよいと、晩年にもつながっていきます。

［よい相］鼻は高さに関係なく、存在感があり、かつ肉厚なこと。また、頬も丸く肉厚で、たるんでいないこと。もちろん、光っているのが理想です。

［その他］勇気や意志力もここに現れます。

③下停（晩年運）

［運の意味］穏やかで幸せな老後。

［よい相］肉厚で、しっかりしたあご。二重あごや三重あごもよい。口の周りが肉厚で、張りがあること。光っているのが理想です。

［その他］口角のあたりに陰のない人は、仕事の部下から慕われ、トップとして晩年も活躍できます。

三停の中で、とくに肉厚で光っているところがあれば、その人のいちばん充実している「運勢のピーク期」を現すといわれます。

上停・中停・下停、どの部分の運もすべて大事ですが、私は個人的に下へ行くほど重要視しています。

上停は30歳くらいまでの運なので幼少期も入ります。生まれ育ちの要素もかなり

人相の三停

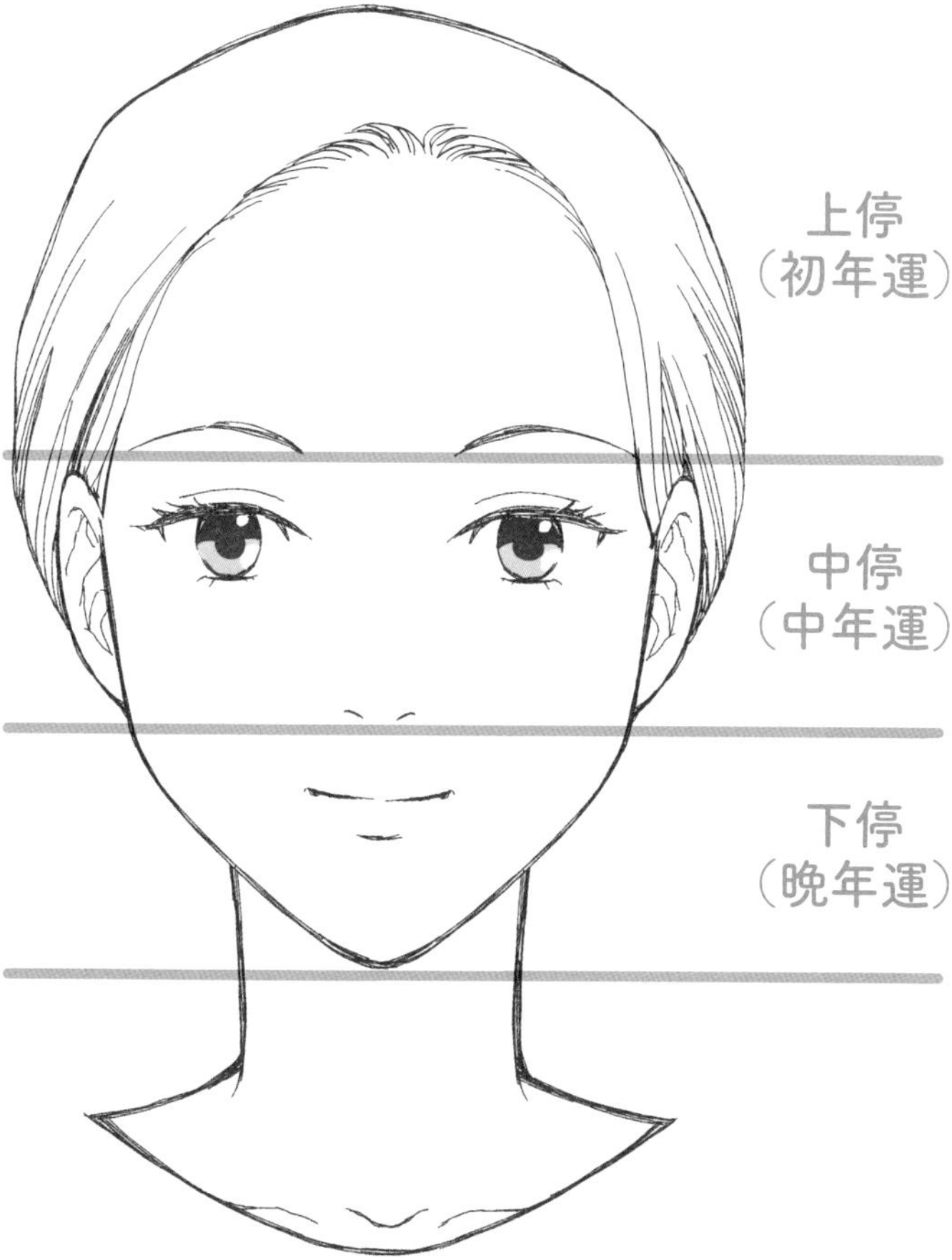

あるので、自分ではコントロールできない部分も多いでしょう。

中停は30歳から54歳まで、社会で大いに活躍する時期です。同時に結婚や女性なら出産も関わってくることが多いので、ここも自分以外の人の運などが複雑に絡みやすい。

下停は55歳からの晩年、まだまだ仕事をバリバリとやっている人も、第二の人生を歩んでいる人もいるでしょう。「終わりよければすべてよし」と言いますが、この晩年をいい運気に包まれて幸せに過ごせるかで人生は決まります。

そのためには晩年までの人生をどう過ごしてきたかが大きく関係するのはもちろんです。しかしそれまでがいまひとつだったという人でも**一発大逆転で幸運・強運な晩年を過ごせる方法**があります。

それがズバリ「開運福顔」になることなのです。

マスクで下がった顔と運を上げ直すために今日からすぐできること

この本が出る頃は、新型コロナウイルスはどうなっているのでしょうか。

私が本を書こうと決意した理由のひとつは、日本中の、いや、世界中の人の運気が低下していることに危機感を抱いたからです。

日本だけでも2021年10月末現在、累計感染者は170万人以上、亡くなった方は1万8000人以上に及びます。

コロナ禍で、仕事や生活が侵されました。行動が制限され自由を奪われました。

それだけではありません。人々の顔が劇的に変わってしまったのです。

マスクが大きな原因です。

風邪や花粉症でもないのに、四六時中マスクをつけていなければならなくなりました。摩擦によって肌荒れやかぶれ、吹き出ものに悩む人も出てきましたし、会話や笑うことも以前ほどできず、顔の筋肉が衰え、たるみやほうれい線が深刻な人も多いでしょう。

運と人生にとって大事な「顔」をこんな状態のままにしておいていいわけがありません。

とくに鼻から下は、観相学では55歳以降の晩年運を現します。

頬の下方や口の周りに「たるみ」や「くすみ」があるということは、晩年運が低下していることを意味するのです。

せっかく努力して、よい人生を送ってきても、晩年に運が悪くなってしまうのでは、元も子もありません。

世界中の誰もが、幸せで楽しく、運のいい人生を送ってほしいと思いそのために開運福顔を広めている私としては、「なんとかしなければ!」と思っています。

そのためにも、みなさんがこの本を読み、運と顔について理解し、実践していただくことが大事です。

たったいまから挽回《ばんかい》です。マスクをつけていても、顔の筋肉は動かせます。

いちばんいいのは大笑いすることです。「わはは」と大きな口を開けて笑う。このコロナ禍で、知らず知らず「うふふ」と口を動かさずに笑う習慣が身についてしまいました。この悪習慣は、いますぐ正さなければなりません。

「大笑い」というのは、観相学的に、もっともすごい運だといわれます。

また、笑うことによって、小鼻が横方向に張ります。これによって、肉厚の鼻になる。ここは金運に関するエリアですから、張りがないとお金の回りも悪くなってしまうのです。

ちなみに、「金運」と「財運」はちょっと違うことをご存じでしょうか？

「金運」とはお金が入る運で、「財運」はお金が貯まる運です（もちろん両方欲しいですよね！）。鼻の頭は金運で、小鼻は財運を司《つかさど》ります。

思いっ切り笑顔になると、小鼻が張り出すのがわかると思います。あまり笑わない人、コロナのせいで笑うことが少なくなった人は、ぜひマスクの下でにっこり笑うクセをつけてみるといいと思います。**誰にも見られずマスクの下でこっそり蓄財**、と思ったら、楽しくなってよけいに笑顔になってこないですか？

笑うことで、さまざまな筋肉が動き、鍛えられます。

ふだんは意識していませんが、顔には多くの筋肉があり、豊かな表情は、この筋肉がつくっているわけです。笑わず、しゃべらず、無表情では、顔の筋肉が衰えてしまうのは当然です。

いまなら、まだ間に合います。

よく笑うように心がけましょう。そして、口を動かすようにしましょう。

大事な運を落とさないように心がけてほしいと思います。

差をつけるならいまです！

コロナ禍によって、人の顔はたるみ、くすみました。これによって、多くの人の運気が大きく低下しました。でも、それは十分に取り戻すことができます。

そんな中で、私がひとつだけポジティブに感じたことがあります。

それは、オンラインで顔を映すことが当たり前になったことです。

オンライン化が進んだことで、パソコンの画面を通じて遠く離れていても会議や打合せが簡単にできるようになりました。そのときに、相手の顔も見えますが、自分の顔も画面上にあるため、たえず自分の顔を見ながら相手と話すということも普通になりました。いままでにはありえないことです。

男性の中には、画面に映る自分の顔を見て、「これまでこんなにひどい顔で話していたのか」などと、**自分の顔を客観視する人が増えた**のです。

これによって、顔に興味をもつ人が増え、おかげで私の講座にも、男性のクライアントさんが増えました。

それはうれしいのですが、私が話したいのは、そこではありません。

いまがチャンス！　差をつけるならいまでしょ！　と言いたいのです。

今後は、ビジネスもオンラインが増えていきます。

現に、不動産なども何千万、何億という商談が、オンラインでなされています。

すると、どうなるか？

顔によって差がつくのです。これまでのように、対面するわけではありません。

画面に映っているのは頭から下、首から上の「顔」だけです。

オンラインでは、せっかくブランドものの服を着ていても見えません。極端な話、1000円のシャツでも、下はパジャマでも、まったく問題ありません。

そのときに、開運福顔を実践する人としない人では、大きな差が出てきます。

事実、私は20～30人規模のリモートセミナーを主催していますが、私のお顔がいちばん輝いています。もうダントツです。

すると「木村さんの顔しか目に入りません」という声を聞くのです。眉がしっかり描かれ、顔が輝いていると、画面の中で光って見えるため、強いエネルギーを感じるのです。

開運福顔にした男性たちは、さっそくオンラインで結果を出しています。

「知らなかった自分」があなたにはまだいくつもある

「人は、自分のことが実はいちばんよくわかっていない」と思います。40年以上も顔と運について勉強し研究してきた私ですが、みなさんのお顔を鑑定するたびにこのことを実感してきました。

顔を見て「あなたの額は広くてつやがあるので、磨いていけば事業で成功しますよ」というアドバイスに「上司に叱られてばかりの私が？」と驚く人がいれば、「あなたの鼻はしっかりしていていい鼻なので、お金が貯まりますよ」というアドバイスに「いまこんなに生活が苦しいのに？」と眉をひそめる人もいました。でも、私は本当のことしか言っていません。

その人のもともともっているすばらしい運の種を見つけて、それをなんとかして芽吹かせ花を咲かせるお手伝いがしたい。その一心で、お顔鑑定やメイクの先生を育てたり、セミナーを開いたりしてきたのです。

みなさん、自分のお顔の中に眠るすばらしい運や才能を、ただ知らないだけなのです。今までの生活では使っていなかった運だった、ということです。でも私はわかります。

埋蔵金を探すトレジャーハンターのように、その人の「運の鉱脈」を探し当てて

あげる。それが私の使命であり楽しみであると感じています。

自分の中にいくつもある、「知らなかった自分」を見つける楽しみを、ぜひこの本で少しでも実感していただけたらと思います。

ところで、「知らなかった自分」は私にもありました。

6年ほど前のことですが、喉を痛めてしまい、声が出なくなってしまったので、お医者さんへ行きました。原因がわからず、サードオピニオンを求めて行った3つめの病院で、なんと「声の老化です」と言われたのです。

ショックでしたが、しかしセミナーの予定もたくさんありましたし、これからも予定は入るでしょうから、「声の老化で、うまく話せません」ではすみません。それでどうしたかというと、ボイストレーニングに通うことにしました。

行ってみて初めてわかりびっくりしたことがあります。

なんと、私は歌が上手《うま》かったのです！

平均的な人よりも音域が広いそうで、やればやるほど上手くなると言われました。

それですっかりカラオケにはまってしまいました。

私は小さい頃から歌うのはわりと好きだったのですが、歌うたびに親から「れい子は音痴だねえ」と笑われていたので、いつしか人前で歌うことはなくなりました。

「私は音痴なんだ」と思い込んでしまったのです。

しかし、ふたを開けてみたら、実は歌が上手かったという信じられない話です。

でも本当のことです。

家族や友人など、周りの人の自分への一言は、真実ではありません。むしろまちがっていることも多いのです。

これと同じようなことはみなさんにも絶対にあるはずです。

私と一緒に、**「知らなかった自分」**をたくさん見つけていきませんか？

2章

顔を変えれば
脳が変わり、
脳が変われば
運が変わる

いちばん運のいい「最強の顔」がわかった

子どもの頃からアトピーだったのに、いえ、アトピーだったからこそ、顔と運にずっと興味があった。そしてたどりついた人相学と観相学。

「顔に運のポイントがある」ということを学び、そこで私が最初にしたのは「神様のお顔」見学です。

「いちばん運のいい顔って、どんな顔だろう？」と考えたときに「あ、神様だ！」と思いました。それで、七福神や仏様の顔を見て回ったのです。

共通していたのは**「全体的にふっくらしている」**ということでした。丸みがあって肉厚、曲線が美しいのです。

もうひとつ、神様や仏様のやさしく穏やかな顔を見ていると、見ている私が癒される、心地よくなるということにも気づきました。ちょっと落ち込んでいても「まあいいか」と大らかな気持ちになる。明るく前向きな気持ちになれるのです。

私ははっきりと悟りました。やはり、これこそが「最強の顔」だと。

神様や仏様は、女優さんのような美人でもなければモデル体型でほっそりもしていません。流行《はや》りのメイクもしていない。だけど、人が見たくなる顔、人を穏やかな気持ちにしてくれる顔なのです。

逆に言うと、「とがった顔の神様や仏様はいない」と思いました。

神様や仏様のような丸くやわらかい顔になれば、運のよい人生を送れるのではないか。そして、その顔を見た周りの人も幸せになれるのではないか——。

こうして私の「開運福顔道」がスタートしたのです。

「顔」を「脳の主人」にしてしまう

脳が明るいと顔も明るくなる。顔が明るいと脳も明るくなる。

脳と顔、どちらが先なの?

まるで「卵が先か鶏が先か?」みたいですが、**私は「顔が先」だと思います**。

脳が暗くても、顔を明るく輝かせれば、脳も明るくなります。それは私自身の体験からも明らかですし、私の講座やお顔鑑定を受けた1万人以上の方が実証してくれています。

脳は、顔に従っているのです。**顔が脳の主人です。**

あなたは1日に何回、自分の顔を鏡で見ますか？

そのたびに、明るい自分の顔を見るのと、暗い自分の顔を見るのとでは、脳の受け取り方はまるで違うはずです。

脳はとても賢く、とても素直です。このため、明るい顔を映せば「私は楽しいのだ」「私は明るいのだ」と認識します。

反対に、暗い顔を映すと「私によくないことが起きている」と認識してしまい、言葉も行動もネガティブになってしまいます。

コロナ禍で、私はこのことを思い知りました。ワイドショーやSNSではネガティブな情報が目立ちましたが、これはマスクの影響が大きいと思ったのです。

マスクをした顔は明るいとは言えません。しかも黒やグレーのマスクが増えました。世の中全部が「暗い顔」になってしまったのです。こうして多くの人の脳が自然に暗くなってしまったのではないかと、私は考えています。

今後もしばらくはマスク時代が続くかもしれません。でも、**自分の顔は自分で守り、「運のよい顔」にしておかなければなりません**。それが「運のよい人生」につながるからです。

顔はいつでも「ご自愛」し、眉をしっかり描き、鏡を見ながら笑っておきましょう。

顔を明るくしておくと、脳が明るくなり、運もよくなります。

私の知人でとても素敵な女性がいます。

その人は、世間一般でいう「美人」ではありません。ちょっと太めで愛嬌《あいきょう》のあるタイプ。本人は、自分自身をこう評します。

「私、自分のことが大好きなの。この顔も、おちゃめでチャーミングでしょ。『福笑い』のお多福さん、私がモデルかと思うくらいよ。だからこの顔、大好きなの」

こう言って、ケラケラと明るく笑います。

この女性は実業家で、どんどん行動し、やることすべてを成功させてしまうような人。だから自信があるのでしょう。

彼女は、成功したから自信が出たのでしょうか？　私は違うと思います。

彼女が行動を起こすと、支援者が必ず現れるのです。その秘密は、**彼女の顔の明るさと福のある顔**にある、と私は思っています。

「美人薄命」という言葉の通り、世の中には美しくても寂しい人生を送る人がいます。反対に、美人じゃないけど、とても充実した人生を送る人もいます。

この違いは、顔が明るいか、暗いかです。

顔が明るい人は、脳が明るいのです。暗いことが考えられません。言葉も行動も明るい。だから周囲も明るくなる。このため人生がどんどん充実するのです。

「開運福顔」で、難は迎え撃て！

開運福顔は、未来に向けた顔です。

見えない未来を開き、明るい未来を先取りする顔です。

たとえ難がやってこようとも、それを迎え撃つ顔なのです。


顔の鑑定をしていると、こんな方に多く出会います。

「私は自分の顔が嫌いです。目は小さいし、鼻はお団子みたいだし、ほっぺも大きいし、あごも丸いし。だから整形したいんです」

でも、私が見ると、悪いところはひとつもありません。むしろ、すべてよくて、最高の福顔だったりします。そこで私は、こんなふうに言います。

「とてもよい福顔ですよ。いい運をたくさんおもちです。だから整形するなんて言わないで。その福顔を大好きになって、ぴかぴかに磨き上げてみてください。これからの人生にいいことがたくさん起こりますから」

私もそうでしたが「運がいい」と言われたら、たいていの人は自信が芽生えてきます。そして運が変わります。

何度も話してきたように、脳が変わるからです。「自分の顔が嫌い」という否定から「運がいい福顔だ」と**肯定に転じた瞬間に、脳が変わり始める**のです。

そうなると不思議なもので、自分の顔を好きになっていきます。

そして、神様やご先祖たちも喜んで応援してくれます。


人生には「過去」↓「現在」↓「未来」という時間の経過があります。

でも「過去」は済んだことで取り返せません。「現在」も一瞬で過ぎ去ります。

運という点から言えば、やはり「未来」が大事だと言えるでしょう。

「未来がよくなるよう、先にお顔を磨いておこう」というのが開運福顔なのです。


子どもの頃から、私は顔のことでは苦労をしてきました。

だからこそ、私は顔に関する仕事をしているのだと思います。「あなたなら人の苦しみや喜びがわかるだろう」と、美容の世界に導かれた気がするのです。

あの日、自分の顔が「いい運をもっている」と知って以来、私は「どんなことがあっても必ず好転する」というおかしな自信をもつようになりました。

それがあるから、今日まで、へこたれずに生きてこられたのかもしれません。

息子がおなかにいた頃の話です。妊娠4か月目に卵巣嚢腫《らんそうのうしゅ》になりました。病気自体は不運ですが、私の場合はラッキーでした。なぜなら、妊娠しなければ検査などもしなかったと思うので、病巣を発見できずにそのまま死んでいたかもしれないからです。

医師からは「破裂寸前でした。なんで、ここまで放っておいたのですか?」と言われましたが、当時は仕事が忙しく、気づかなかったのです。

もちろん、このときもお顔は磨いていました。だから大難になるところを小難ですんだのだと思っています。

大変な手術で、手術後はしばらくベッドから動けませんでした。普通なら、痛みや不安と戦いながら、退院して元通りに生活できるようになるのか心配したりするところです。

しかし私がしたのはそんなことではありませんでした。まず家政婦さんを頼みました。身の回りのお世話、というか動けない自分のかわりにマッサージをしてもらったり眉を描いてもらったりと、お顔磨きをしてもらっていたのです。

病院にいるとお手入れもろくにしないし、顔色も悪いままです。私はそれが耐えられなかったのです。術後の痛みより、そんな顔をしていることが我慢できませんでした。

「こんな顔でいたらもっと具合が悪くなる。運がどんどん逃げてしまう」と思い、家政婦さんにお顔を整えてもらっていたのです。

おかげで、なんと6日目に退院できました。病院からは「奇跡の回復」と驚かれましたが、これも開運福顔のご利益だと思っています。

このように大難が小難になる経験を、私は何度もしているため「顔を磨いて眉をしっかり描き運をよくしておけば、どんなことがあっても必ず好転する」という自信をもっていられるのです。

人生はよいときばかりではありません。むしろ、うまくいかないことのほうが多いかもしれません。私もそうです。

でも、お顔を大切にしてきてよかったな、と思います。

それは、大難が小難となり、小難がかすり傷程度になるからです。どんなに落ち込んだときも、開運福顔にしておくと、必ず上向きます。これは絶対です。

そのたびに**「お顔磨きは運磨き」**なのだと思い知らされます。

そして、自分の顔に感謝し、ますます好きになっていくのです。

おそらく私は、日本でいちばん顔を大事にしている人間です。

それは開運福顔の効果を誰よりも知っているからです。

開運福顔が、福を呼び込み、福の神に愛される顔だということ。そして、もって生まれた運を育て、運を生かし、運を逃さない顔であることを、私自身がいちばん感じているのです。だからこそ、せっせと40年以上もお顔磨きを続けていられるのです。

18歳まではコンプレックスの塊で、「この顔を剝がして別の顔に変えたい」と思っていた私。

でも「運がいい顔」と本で知った。たったそれだけのことで、わ顔が変わり始めました。脳がコロッと変わり、自信と生きる力が湧いてきたのです。

みなさんもぜひやってみてください。

「原因→結果」ではなく「結果→原因」にしてしまう

開運福顔は、「未来に向けた顔」であり「未来を先取りする顔」です。

たとえば「いまは独り身だけど、素敵なパートナーが欲しい」と思うなら、先に夫婦運や結婚運に関するエリアである12宮の「妻妾宮」を明るく光らせてしまえばいいのです。

妻妾宮は、左右の目尻のエリアですが、ここにメイクで明るい色を入れたり、オイルを少し塗って光らせたりすることで「パートナーができた」という未来を先取りしてしまいます。さらに恋愛・結婚運アップのアーチ眉を描くとバッチリです。

つまり未来の運の「予約」をするわけです。

「いまはお金がないけど、お金が欲しい」という人なら、眉の上の「福徳宮」を光らせます。すると「お金が入ってきた」という未来を先取りすることになるのです。

なぜ、予言された未来が実現するのでしょうか？

それは、顔が主で脳は従だからです。

顔に未来の運を描いておくことで、脳が変わり、未来を実現するために行動し始めるからなのです。

そんなに都合のいい話がある？

あるのです！

旅行を予約した例で考えると、わかりやすいと思います。

旅行を予約すると、その日に合わせてスケジュールを調整し、仕事を休めるように組み立て、持ち物をそろえますね。

これと同じことです。先に決めてしまい、予約をすれば、それに合わせて脳が行動を始めます。

脳は単純なので、あなたの顔の「予言」を見て、実行し始めるわけです。

未来は誰にも見えないし、わかりません。でも、わからないからこそ「こういう未来が欲しい」と思ったら、そうしようと決める。そして、そのように顔をつくる。これが大事なのです。

開運福顔になると、明るいこと、ラッキーなことしか考えられない脳になります。そして、運もあなたが欲しい未来に向かって動いていきます。

恋愛・結婚運を上げたい人は顔に「影」を入れない

メイクには、「3大シャドウ」なるものがあります。

女性ならたいてい知っている、アイシャドウ、ノーズシャドウ、シェーディングです。

アイシャドウは目をくっきりと見せるため、ノーズシャドウは鼻を細く高く見せるため、シェーディングは小顔に見せるためのものです。

この3大シャドウ、美的にはすばらしいのですが、実は開運的にはあまりおすすめできないものなのです。

なぜなら、**「シャドウ」＝「影」**だから。

開運的には、お顔はいつも明るくぴかぴかつやつやにしていたいところへ、わざわざ影をつけることで、運が落ちてしまうからです。

しかも、そのエリアがまた大変です。

37ページで「12宮」をもう一度見てみましょう。3大シャドウはことごとく、大事な運に影を落とすことになるのです。

アイシャドウのエリアは、12宮の「田宅宮」にあたり、不動産運や愛情運、人気運や家族運のエリアです。ここへシャドウを入れるということは、生活に影を落とすということになります。

ノーズシャドウのエリアは、12宮の「疾厄宮」や「財帛宮」。つまり、健康運や金運・財運のエリアです。ここのシャドウは病やケガの暗示だけでなく、せっかくの金運や財運が十分に発揮されない暗示になります。

シェーディングのエリアは、12宮の「相貌宮」で、人柄、健康運、全般的な運の勢いのエリアです。ここにシャドウを入れると、運の悪さ、人離れや晩年孤独を促すことになるのです。

私たちは**ご先祖からたくさんのよい運をいただいて生まれてきており、それをいかしきるために開運福顔を目指す**わけです。それなのに、そのせっかくのよい運をシャドウを入れて落としてしまうのは、実にもったいない。

モデルさんや女優さんなどが、テレビや舞台で映えるために仕事でそのようなシャドウを入れるメイクをするのはともかくとして、私たちがふだんの生活でずっと顔にシャドウを入れるのは、開運的にやはりおすすめできません。

どうしてもシャドウを入れたい！　という方は、せめてこれまでよりちょっぴり控えめに入れることからスタートしてみましょう。入れる頻度を少なくしたり、シャドウのきついメイクで出かけたら帰宅後はすぐ洗顔しお顔を「ご自愛」するなどしてみてください。

生まれたばかりの赤ちゃんは、ぴかぴかと光っていますよね。

「赤ちゃん」の語源は、お肌の色が赤いからだといわれますが、私は**「明るく（あ）輝いている（か）」**からだと思っています。

「福顔ってどんな顔？」と聞かれたときに、私は「赤ちゃんみたいなお顔よ」と、答えることがあります。明るくて、ふくよかで、キラキラしている赤ちゃんを見ると、人間はやはりたくさんの幸運をもって生まれてくるのだ、と確信するのです。

この誰もがもって生まれた幸運を、間違ったお顔のお手入れ方法やメイクで台無しにしていることがあります。なんてもったいない！

3大シャドウで運に影を落とすことのほかにも、切れ目や傷を入れることも、本来もっている運を切断することになります。

いちばんの問題は、本人がそれに気づいていないことです。おしゃれのつもりで運を切ってしまっている人が、本当に多くいらっしゃいます。注意してくださいね。

顔を大事にする人はとにかく長生きする

これは編集者の方から聞いた、ご友人の94歳のお母様の話です。

その方は72歳で心筋梗塞になり、そこから重度のアレルギーにもなったそうです。さらに84歳で悪性リンパ腫が発覚。がんが腸にできて、大手術も経験されています。だけど、なんとか乗り越えて、悪性リンパ腫は5年後に治癒完治したそうです。

その後、心不全で入院しますが、ペースメーカーを入れて普通の生活ができる状態にまで持ち直しました。しかし、今度はひどい神経痛で車いす生活になりました。「足が弱ると体も衰弱する。もうダメかな」と思っていたそうなのですが、娘さんがいろいろ病院を探して注射治療をしたら、歩けるようになったらしいのです。すごいですよね。ラッキーのオンパレードです。

でも、いちばんすごいのは、何度も死線をかいくぐっているその間も、この方はずっとお化粧をして、美容院でセットをしてもらっていたということです。昔からいろいろな化粧品を使い、肌のケアやつやなどを大事にされていたそうなのです。

その話を聞いて、私は本当にうれしくなりました。**「やっぱり顔を大事にされている方は、長寿とかラッキーとかに恵まれるのだ」**と、改めて思ったのです。

実はうちの父も、お顔を大事にしています。今年で97歳になりますが、日課は顔にクリームをぬり眉をしっかり描くことと、ステーキを食べてお酒を飲むこと！

これまで病に何度も倒れ命が危なかったのですが、この日課のおかげで5回も生還してきています。

昨年も肺炎で倒れ、症状が重かったため、隔離病棟に入りました。

1か月で20キロ痩せて、しかもずっと寝た切りだったために筋力も落ち、立つことができなくなりました。父はアルゼンチンタンゴが趣味で、よく食べて、よく飲む人だったのですが、食べない、飲まない、運動できないでは「生きる気力」がそがれてしまいます。

人間にはそれぞれ目に見えない「生命エネルギー」のようなものがあり、それが完全に枯渇したときに寿命を迎えるのだと、私は思っています。そして、それがもっとも現れるのが顔なのです。

いつもはぴかぴかと光っている父の顔が、今回は古くなった電灯のように薄ぼんやりとしてきていたのを見たときに、私も「さすがに危ないかな」と思いました。

でも、あきらめませんでした。必ず元気になると信じていました。普段から**きちんと洗顔しクリームをぬって保湿して眉をしっかり描く「開運福顔」を実践している父**ですから、やはりその効果は絶大でした。

なんと！　2か月後には退院し、介護ホームで元気に暮らし始めました。

さらに父は「マイ冷蔵庫」が欲しいと言い、「ホームで出る3食では足りない」ということで、その冷蔵庫に自分の好きなものを入れて部屋に置いているのです。

食べて飲むことが大好きな父のそのマイ冷蔵庫には、日本酒やワイン、チーズやコンビーフなどが入っており、なくなっては補充です。そうしているうちに、一時は歩けなくなり車いす生活だったにもかかわらず、歩けるようにもなりました。今は介護ホームを出て家で生活しています。もう「すごい」としか言いようがありません。もちろんいまも毎日、クリームをぬり眉をしっかり描いています。

そんな父を見ながら、90歳の母は「お父さん幸せだね。97歳でも元気で、自分の家で好きなことをして暮らせるんだから」と言って笑っています。

この90歳の母も、もちろんメイクを欠かしません。朝起きると、すぐに洗顔をし、スキンケアをして、眉を描きます。そして、明るい色のお洋服に身を包みます。

週に3回ほどデイケアに通っているのですが、行くと仲間やスタッフのみなさんが「なんでそんなにおしゃれなの？」と褒めてくれるそうです。前日になると「明日は何を着て行こうかしら」と楽しそうに話す母の顔は、本当にキラキラと光っています。

その母は、「ホームのみんなもきれいにしてあげたら、もっと元気が出ると思うのよね」と考えているようです。私と同じで、脳が明るいのです。

たしかに、メイクをしないご高齢者は多いと思います。

以前、介護施設にお願いして、入居者の方々にメイクをさせていただいたことがあります。ぼんやりと静かな感じですごしている方が多いので、メイクをして元気にしてあげたいと思ったのです。

「おばあちゃま、きれいになりましょうか」

そう言って、お顔にクリームをつけ、マッサージしながら全体に伸ばし、ピンクのチークを塗ります。眉をしっかり描き、ピンクのリップで、はい完成！

時間にして2分です。

「おばあちゃま、きれいになりましたよ」

そう言って鏡を見せると、パーッとお顔に赤みが差すのです。そして、手で髪の毛をなで始めます。その瞬間に女性が戻るのですね。目もきりっと光ります。

面白いのは、それを見たおじいちゃまたちがソワソワし出すこと。

「ああ、やっぱりお顔で命は輝くんだな」と、それはもう感動です。

開運福顔は本当に社会を変える力になると、私は心の底から思いました。ぴかぴか、キラキラと輝くお顔は、命を輝かせる原動力にもなるのです。

ほっぺが上がると人気運が劇的に上がる

私の講座やセミナー、お顔鑑定に参加してくださる方に「どんな運を上げたいですか?」と聞くとTOP3はやはり「仕事運」「金運」「恋愛・結婚運」です。

この3つと大きく関わる運に「人気運」があります。

3つの運それぞれは、お顔磨きや眉をしっかり描くことなどで劇的に上がりますし、後述しますが運を上げるメイクでもさらに上げることができます。

でも、実は**人気運を上げることによって、あらゆる運が上がりやすくなる**という効果があります。

人気運とは愛され運であり、人に助けてもらえる運。仕事もお金も恋愛・結婚も、みなすべて「人」が関係することですから、人気運がある人ほどそれらもうまく行きやすいというのは誰でもわかりますね。

それに、**人に好かれる人は、運にも好かれます!**

というわけで、人気運は普段から上げ上げを目指しておいて損はないのです。人気運を上げるには、ほっぺを上げること。丸く盛り上がった頬は、人気運の象徴です。

この人気運は、顔の中の「輔弼《ほひつ》」という部分と、その頂点の「妓堂《きとう》」がつかさどります。輔弼は観相学の12宮にはないエリアで、どちらかというと人相学のほうで用いられることが多いです。

輔弼はニコッと笑うと誰でもある程度は盛り上がるものですが、人によってはこの盛り上がりがまだまだ足りなかったりもします。

でも大丈夫、**人気運が炸裂《さくれつ》するまん丸の頬はマッサージで育てることもできます**。後述しますが、「開運福顔マッサージ」はじめ日々のお手入れでどうとでもなります。

実は私も、輔弼を育てたひとりです。若い頃の私は輔弼がぺたんこでしたが、いまでは自慢の「まん丸輔弼」です。

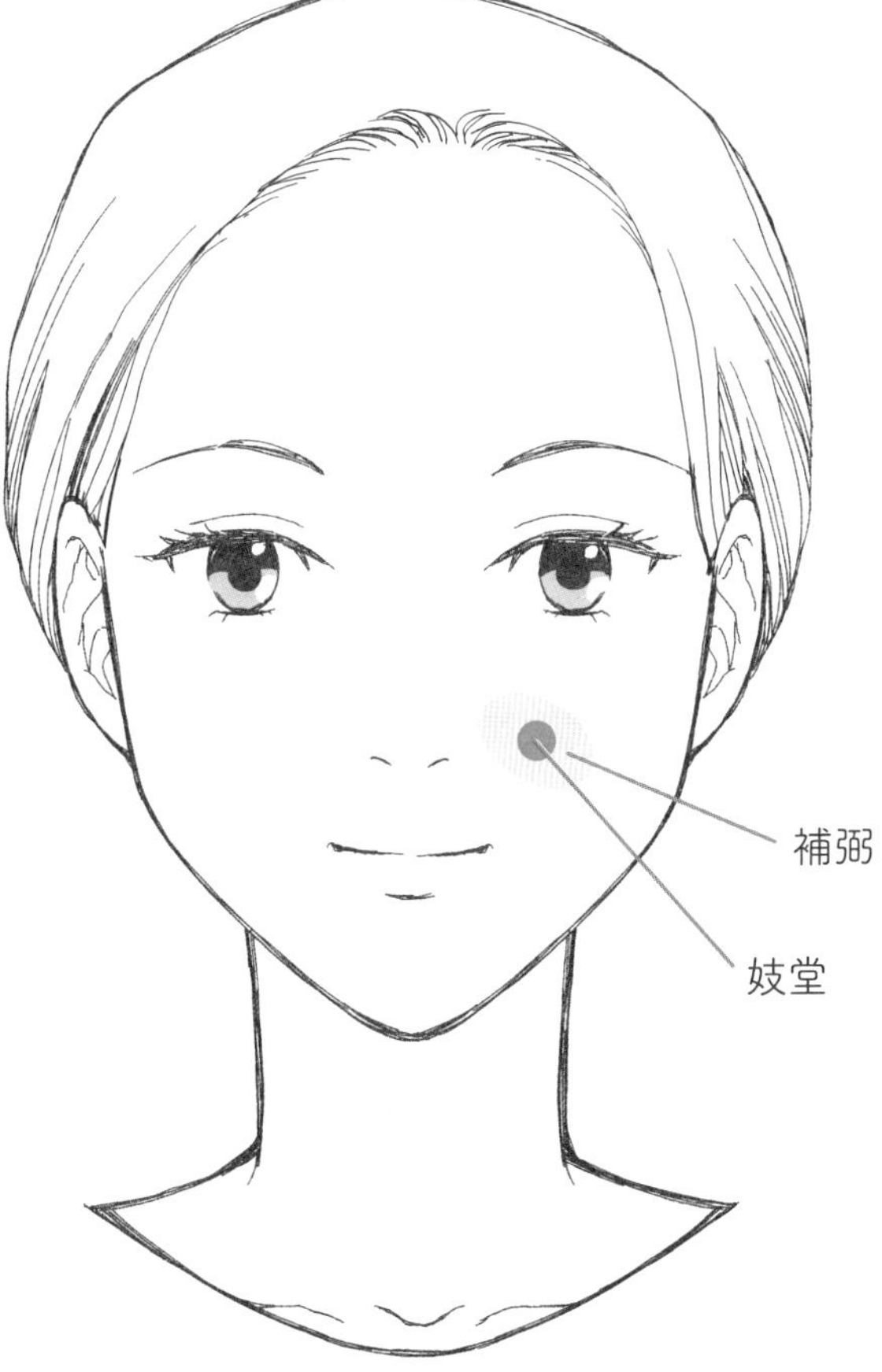
補弼
妓堂

輔弼がすばらしい有名人で私がまず思い浮かべるのは、ハリウッドの大女優メリル・ストリープさんです。彼女の輔弼も、とても素敵に育ったものですね。40年以上前の映画『クレイマー、クレイマー』と70歳をすぎたいまの顔を比べてみると、それがよくわかります。

メリルさんが、大学生たちに向けて語った感動的な言葉があります。

「若い男性、そして女性に向けて言います。あなたをユニークに見せるものや珍しく見せるもの、それがあなたの強みです。誰もがクッキー型のように無個性になろうとするけど、みんなと違う人こそピックアップされるのです。昔、私は自分の独特な鼻が嫌いだったけど、いまは嫌いじゃないの」

ちなみに、開運的には彼女のお顔はどのパーツもすばらしく、**最強の福顔**と言えます。

額の広さは思考の深さの証《あか》しで、ご先祖や見えない力にも守られています。

眉は「への字」の仕事眉ですから、高い目標を達成し、評価を受けます。

目の下の涙袋も立派ですね。ここは「女性ホルモンタンク」と呼ばれ、モテる女性の象徴的なパーツです。

あごも肉厚で立派です。晩年まで第一線で活躍できる相です。いまも世界中の方に愛され、すばらしい実績を残されているのは、この福顔を見れば納得です。

日本人の女性なら、松田聖子さんなどは見とれるほどの福顔です。

ふっくらとして丸みのある頬、しっかりと張った小鼻、きれいなラインなのにちゃんと肉厚なあごなど、**人気運や金運をはじめ、人が欲しいと思う運がすべて盛り盛り**です。デビュー当時はあの有名な「聖子ちゃんカット」で下ろしていた前髪を途中から上げ額を出すようになりましたが、これは大正解。あの広くて丸くそして美しく光る額は彼女の最大最強の開運ポイントだと思います。これからも多くの人から愛される伝説のアイドルとしてずっと君臨し続けること間違いなしです。

男性ももちろん、長く人気を保っている方はみな立派な輔弼をしています。

トム・クルーズさんなどは、もう**感動的な輔弼**です。ニコッと笑えば世界中の女性がときめきますが、あの輔弼がそれを最大限に補強していることは間違いありません。

あなたも今日から輔弼を意識して磨き、まん丸ほっぺをつくり、人気運をどんどん上げていってください。

誰からも愛されるキャラクターの人気の秘密は開運福顔にあった

人間だけではありません。「子どもに人気のキャラクターは開運福顔」ということが言えます。

たとえば、アンパンマン。まん丸で肉厚、鼻もまん丸で金運もすばらしい。ほっぺにも立派な輔弼がある。まさに「最高の開運福顔」と言えます。

ミッキーマウスやミニーマウスも輔弼が立派です。世界中で愛されている秘密は、この輔弼にあったのかもしれません。上下に広く張り出した額は、社交性や商才を示しています。関連グッズが次々とヒットするのも納得です。

機関車トーマスも輔弼がすごい。ちょっと不思議な顔なのに子どもに大人気なのは、このおかげかもしれません。眉はへの字の「仕事眉」。仕事熱心なことはここにも現れていますね。

ドラえもんの顔も丸くて肉厚。ギュインと上がった口角は人を幸せにします。あごを見ると晩年運も安泰。やはり「最高の開運福顔」です。道具を使わなくても立派に人生の成功者になれるはずです。

ハローキティはぴかぴかの光り顔、これからも世界のキティとして人気者で、どんどん幸運が舞い降りてくると思います。

スヌーピーも広くてぴかぴかの額をしています。眉は地蔵眉で、そこにいるだけで人を励ましたり、和ませたりできる存在です。

ペコちゃんも輔弼が光っています。なによりすごいのは、顔全体が肉厚です。口角も上がっているので人を幸せにします。耳も肉厚ですが、耳自体が下のほうについているので精神面も安定しています。額は前髪で隠れた印象がありますが、実は見えて、光っています。運の入りも最高。

ピカチュウも忘れるわけにはいきません。丸い顔にくりくりの丸い目、口角の上がった口、そしてなんといってもあのほっぺ！「かわいい」の権化です。色も全体にイエローで、金運も最高。「動く開運福顔」と言ってもいいでしょう。

最後にウルトラマン。すばらしいのはやはり額。歴代のウルトラマンのほとんどがそうですが、上下に広い額は社会性を現し、「仕事のできる顔」です。ピタッと顔にくっついた耳は、強い意志と正義感の現れです。まさにヒーローの顔と言えるでしょう。

人気キャラクターの開運福顔ぶりを紹介しましたが「子どもたちがなぜひかれるのか？」という答えは、実はそのお顔にありました。理屈など不要で、**心を動かされる顔、応援したくなる顔**なのです。

お顔に「邪気」をよせつけないように

キャラクターも人も、人気があり、いまをときめく存在というのは、明るくてキラキラしていると思います。オーラがあるという言い方もありますが、まず顔が明るいはずです。

幸運を手に入れたいなら、やはり顔は明るくしておくことが大事です。

たとえば、きれいに掃除されているお部屋は明るくて気持ちがよく、お客様もお迎えしやすいですね。急な来客があっても、お部屋を掃除しておけば、自信をもって招き入れることができます。

顔もまったく同じです。

人間は美しいもの、きれいなものが好きです。家の中もそうですが、きれいな言葉づかい、きちんとした身なり。ぴかぴか、キラキラ光る顔もそうです。

光らせるためには、手を入れなければなりません。

なんでもそうですが、放っておいたら、汚れ、荒廃し、朽ちていきます。人が住まなくなった家は、みるみる荒れていきます。

「割れ窓理論」という言葉を聞いたことがあるでしょうか。窓のガラスを割れたままにしておくと、その建物は十分に管理されていないと思われてしまい、ごみが捨てられたり落書きをされたりしやすくなり、そのうちに周辺の地域環境も悪化して犯罪が多発するようになる……という犯罪理論です。

顔もこれと同じです。適当に顔を洗っていたり、洗ったあとにほったらかしたり、鏡すらろくに見ない、などということをしていたら、運はどんどん落ちていきます。それどころか、貧乏神を招き寄せます。

どうせならいつもキラキラつやつやぴかぴかの顔で、福の神に寄ってきていただきたいではないですか。

「お顔磨き」って、特別なことではなく、**「手をかける」ということ**です。自分の顔を好きになり、「ご自愛」することなのです。

といっても、特別なことは必要ありません。

洗顔時にしっかりと汚れを落とす。洗ったら化粧水やクリームを塗って十分に保湿をする。うぶ毛やムダな毛を処理する。眉毛などは整え、薄くまばらな部分は書き足す。入浴時のついででもいいのでマッサージをして血行をよくする。メイクのときに肌がくすんで暗くなっている部分には明るい色を塗る。

このように、当たり前のことでよいのです。

これだけでも顔はみるみる輝き始めます。そして、どんどんいいことが起こり始めます。

人生の7割は眉で決まる！

ここで、眉がどんなに大事なのかということを改めて念押ししておきたいと思います。

「人生の7割は眉で決まる」。私はそう考えています。

開運福顔の中でも、最重要ポイントです。

とくに男性は眉は放置の方が多く、濃い方はともかく薄いのに描き足していない方がほとんどです。眉のことなどはメイクと思っているからです。しかし、眉はメイクではありません。運を上げる最大のポイントなのです。この認識をしっかりと持っていただきたいです。

私はいつも「**顔は『運』です**」と言っていますが、眉はその顔の中でも7割を占める重要度です。ということは、人生の7割は眉で決まると言っても過言ではありません。

眉の状態は、そのまま運勢を現します。細い眉は細い運、短い眉は短い運、薄い眉は薄い運、眉の途切れは運の途切れを暗示するのです。

薄かったりまばらだったりする眉は、描いたらいいのです。そして、描くときは太く長くすることとです。もちろん、お顔とのバランスがあるので、長さはともかく太さはやり過ぎない程度に太くしてくださいね。

何度でも申し上げますが、眉をしっかり描くとご先祖からの応援がそれまでとは比べものにならないほどになりますよ。

運のいい眉を自由自在に描くことができる。それが眉の最大の魅力です。

私のお顔鑑定では、その方の生まれもっているご先祖からの運の実に70パーセントがわかります。眉がいちばんよくわかるパーツであり、いちばん変えやすくそして運自体も大きく変わるパーツなのです。男性の方は「眉を描く」というと「メイクみたいなのはちょっと……」と及び腰になる方もまだまだいらっしゃるのですが、薄かったり短かったりする部分を少し描き足すだけのことなので、ぜひ今日から毎日鏡を見て眉をチェックしていただきたいと思います。

「メイクではなく自分の運を上げるちょっとした習慣」と思ってくださいね。とくに「仕事運」が格段に上がりますよ！

眉を思い通りに描くことで、欲しい運を思い通りに手に入れられるのです。

「運のいい眉」とは、太い眉、長い眉、はっきりした眉です。

私はこれまで、「よいお顔をしているのに、もっている運が花開いていないなあ」と思う人を数多く鑑定してきました。なぜか仕事が頓挫する、なぜか恋人が浮気をする、なぜか仲間と対立する、なぜかお金が貯まらない……努力や才能を生かしきれない人がいます。

そういう人をよく見ると、たいてい眉やその周辺に難があったりするのです。

主なものとその対処法ですが、自分の顔を鏡で見て「あてはまる！」と思った方は、ぜひいますぐ眉を整えて、開運への一歩を踏み出してくださいね。

眉は観相学の12宮では「兄弟宮」といって、家系（ご先祖）を現します。**才能や寿命など、運の勢いを見る場所**です。ここが薄かったりまばらだったり乱れていたらどうなるでしょうか。ですから、しっかり太く長く描くのがよいのです。

・細い・短い➡描き足して太く、長くしてあげましょう。「細いからダメだ」とか「短いからダメ」などと思うことはありませんよ。逆に「好きな眉が描けて、欲しい運を手に入れられる」とポジティブに考えればいいのです。

・薄くなっている➡眉の上から描き足します。自然な感じになるよう、ササササッと補足してあげるといいでしょう。

・途中で切れている⬇これも眉の上から描き足します。途切れた部分だけでなく、周りとなじむようにするといいでしょう。

・眉と眉の間のうぶ毛⬇眉と眉の間に生えているうぶ毛は抜いてしまいます。ここは「気の通り口」で「門」に相当する部分です。うぶ毛は家の門前に雑草が生い茂っているようなものです。これでは運が入ってこなくなります。

眉と眉の間は、指2本ぶんくらいあいているのがちょうどよいです。手のひらをこちらに向けてVサインをつくったら人差し指と中指をくっつけて、その2本を眉と眉の間にもっていき鏡で確認してみてください（「加トちゃんペッ」の指の形と思っていただくとわかりやすいかもしれません）。

・眉と目の間のうぶ毛⬇眉と目の間のうぶ毛も抜いてしまいます。ここは12宮の「田宅宮」というエリアで、不動産運、愛情運、人気運、家族運などを現します。

うぶ毛はこれらの運の勢いをそぎ、邪魔が入るようになります。

・眉は「長くて太い」のがいちばんなので、うぶ毛は抜きすぎないようにしましょう。まぶたのうぶ毛も含め、だらしなく見える部分だけを整えるようにします。

・眉尻が長い人は、寿命が長いことを示しているので、抜く必要はありません。

・左右の眉が違う➡厳密に同じである必要はありませんが、不ぞろいだと顔に翳《かげ》りが現れます。左右どちらか、よい形のほうにそろえましょう。左右の眉頭の位置や高さをそろえるとよいです。

・眉頭がまばらで不ぞろい➡これを「妙心眉」と言い、運命の浮き沈みが激しくなります。芸能人には妙心眉の人が多くいらっしゃいます。眉頭ははっきり描きましょう。

・乱雑な眉⬇あまりに雑然としているときはハサミを入れたり、抜いたりします。
ただし、整えようとしすぎて、せっかくの運を落としてしまうのは考えものです。

「顔の命」である眉を整え、よい運を入りやすくする

ここまで何度も、眉の重要性についてはお話ししてきました。「人生の7割は眉で決まる」と私が言うのも、これまでの体験でそれがわかっているからです。

自分の眉はどうなのか気になる人も多いと思いますので、ここでは12種類の眉を取り上げ、それぞれの眉が示す運をお教えします。

眉は自分で描いて整えることができるので、「これは注意」という眉もあえて紹介することにします。大事なのは「ああ、よくないんだ」と落ち込むことではなく、「そうか、じゃあ変えよう」と、欲しい運の眉を描いてしまうことです。

眉を描き、自ら運を引き寄せる生き方をしましょう。運は自分で変えられます。

①アーチ眉

［形状］ゆるやかな弓形。

［もっている運］愛情運にあふれています。誰からも好かれ、良好な人間関係を築いていく力があります。周囲からの愛情で運を開くタイプです。

［注意］やさしい反面、人の影響を受けやすかったり、八方美人になったりする傾向も見られます。

②への字眉

［形状］スーッと上がって下がる。

［もっている運］仕事運にあふれています。山の頂点に向かう形が示す通り、目標に向かってやり抜く情熱や行動力、実行力があります。生活力もあり、事業で成功します。

［注意］情熱や行動力がある反面、周りが見えずに突っ走る傾向も見られます。

郵便はがき

料金受取人払郵便

新宿北局承認

9181

差出有効期間
2026年1月
31日まで
切手を貼らずに
お出しください。

169-8790

174

東京都新宿区
北新宿2-21-1
新宿フロントタワー29F

サンマーク出版愛読者係行

ご住所	〒　　　　都道府県	
フリガナ		☎
お名前		(　　　)
電子メールアドレス		

ご記入されたご住所、お名前、メールアドレスなどは企画の参考、企画用アンケートの依頼、および商品情報の案内の目的にのみ使用するもので、他の目的では使用いたしません。
尚、下記をご希望の方には無料で郵送いたしますので、□欄に✓印を記入し投函して下さい。

□サンマーク出版発行図書目録

1 お買い求めいただいた本の名。

2 本書をお読みになった感想。

3 お買い求めになった書店名。

市・区・郡　　　　　　町・村　　　　　　書店

4 本書をお買い求めになった動機は?

・書店で見て　　　　・人にすすめられて
・新聞広告を見て(朝日・読売・毎日・日経・その他=　　　)
・雑誌広告を見て(掲載誌=　　　)
・その他(　　　)

ご購読ありがとうございます。今後の出版物の参考とさせていただきますので、上記のアンケートにお答えください。**抽選で毎月10名の方に図書カード(1000円分)をお送りします。**なお、ご記入いただいた個人情報以外のデータは編集資料の他、広告に使用させていただく場合がございます。

5 下記、ご記入お願いします。

ご職業	1 会社員(業種　　)2 自営業(業種　　) 3 公務員(職種　　)4 学生(中・高・高専・大・専門・院) 5 主婦　　6 その他(　　)		
性別	男・女	年齢	歳

ホームページ　http://www.sunmark.co.jp　ご協力ありがとうございました。

③長い眉

［形状］目よりも長い。

［もっている運］結婚運にあふれています。度量があり、一生不自由のない、幸せな生活を送れます。長寿とお金の運もあり、太く長く穏やかにすごせます。

［注意］人がよい反面、他者への警戒心が薄いので、悪い人にだまされぬようご注意ください。

④地蔵眉

［形状］半月がふたつ並んでいる。

［もっている運］人望、人徳があり、人から押し上げられます。ご先祖が築いた徳を受け継いだので、多少の無理をしてもうまく収まります。目上の人から寵愛《ちょうあい》を受け、参謀の素質もあり、財運もあります。まさにお地蔵様の生まれ変わりのようです。

［注意］人を裏切るようなことをすると、徳の財産を一気に失いますのでご注意を。

⑤ 一文字眉

［形状］長く、シューッとしている。

［もっている運］仕事運があります。意思が強く、決断力もあります。とてもまっすぐで、正直です。正面突破型のやり手です。事業運もあり、老後は安泰です。

［注意］自分を曲げないところがあります。「迂回《うかい》」を覚えると厚みが増します。

⑥ 八の字眉

［形状］八の字に垂れ下がっている。

［もっている運］大胆不敵。心が広く、やさしく、度胸があります。スケールが大きく、細かなことにこだわらない。芸術家や学者にも多いタイプです。

［注意］他人に親身になる反面、だまされやすい傾向も見られます。

⑦ 剣眉

［形状］眉尻が上がり、シュッと細くなっている。

［もっている運］信念があり、粘り強さがあります。一芸に秀で、スポーツや勝負事に向いています。妥協を嫌い、自分を押し通せるタイプです。武士のご先祖がついています。

［注意］いつのまにか争い事やもめごとに巻き込まれてしまう傾向があります。

⑧ひも眉

［形状］細くて長い。

［もっている運］異性に深く愛されます。潔癖で気高いタイプです。金運もあり、お金が向こうからやってきます。

［注意］気が弱く、人に左右されて人生を送る傾向があります。

⑨濃い眉

［形状］濃くて太くて剛毛。

［もっている運］まるでマンガのヒーローのように、積極的で、負けず嫌い。行動

力があり本能で突き進むタイプ。困難をはね返せる強い運をもち、財運もあるので支援も受けます。

［注意］独善的にならず、協調的なヒーローを目指すと、晩年運も上がります。

⑩ あっさり眉

［形状］薄くてやわらかい毛。

［もっている運］親やきょうだいなどの家族運が薄い傾向が見られます。とてもやさしく思いやりがありますが、内気で、引っ込み思案なところがあります。

［注意］慎重なのはよいですが、思い切って自分の殻を破ると運気が上がります。

⑪ 乱れ眉

［形状］もじゃもじゃでまとまりがない。

［もっている運］起伏の激しい運命をもっています。周囲の刺激や情報に敏感なところは長所ですが、心が乱れやすいとも言えます。自分を守ろうとして、自分を見

失うことも。

［注意］心が乱れるのは、やさしさの表れです。激情的にならぬようにご注意を。

⑫ 短眉

［形状］目の1／3以下くらいの短さ。

［もっている運］仕事運、恋愛運、健康運、金運など、残念ながら、運的には恵まれているとは言えません。しかし、この眉は、どんな運も手に入れられる変幻自在の眉です。「運は自分が育てる」と、気持ちを強くすることで、好転し始めます。

［注意］眉が短いのはすべての運が短命になります。

眉にはセンサーの役割があり、整っていないと運が乱れてしまうのです。反対に**眉をきちんと描くと、センサーが働き、よい運が入りやすくなります**。脳も回り出します。

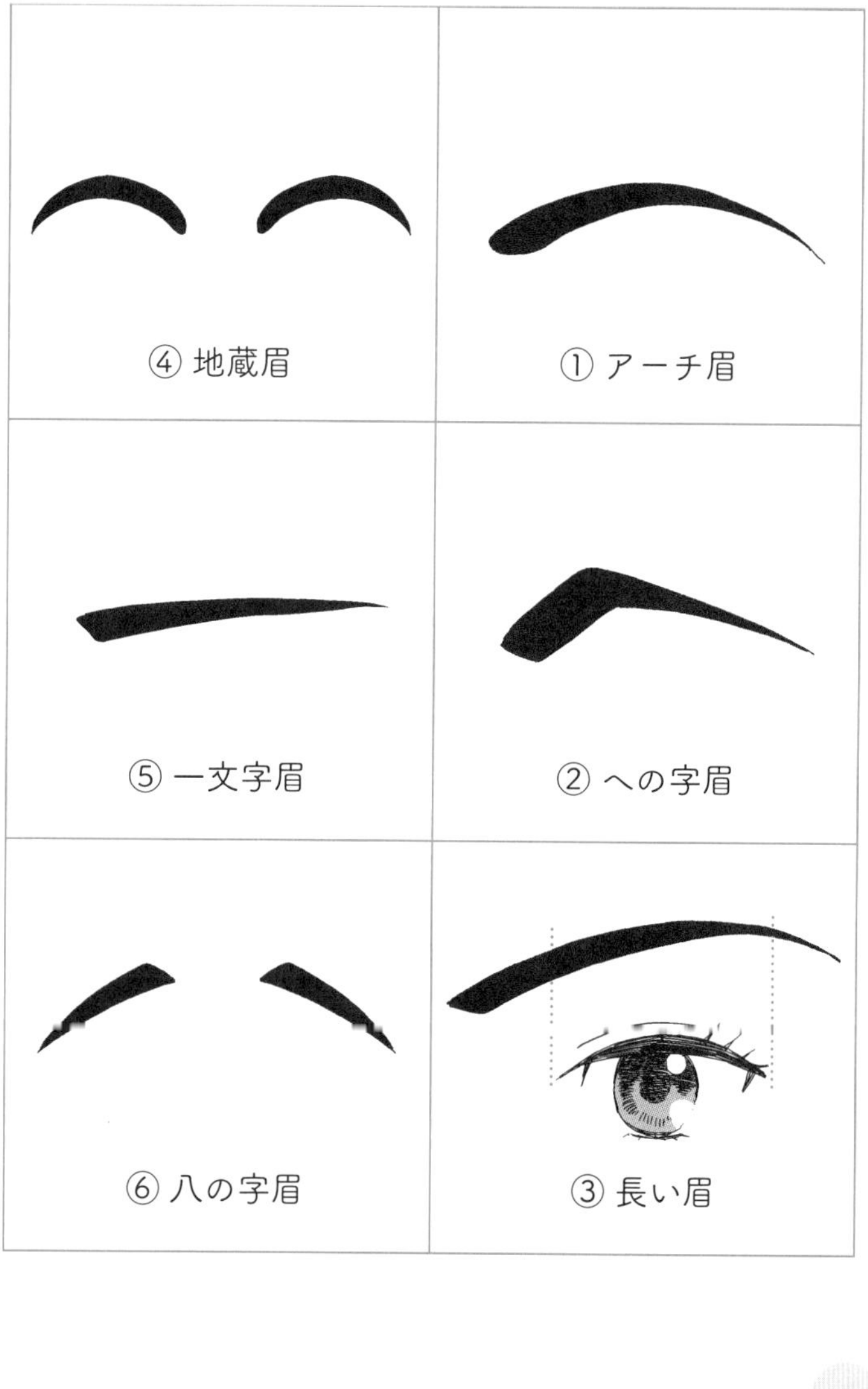

① アーチ眉
② への字眉
③ 長い眉
④ 地蔵眉
⑤ 一文字眉
⑥ 八の字眉

⑦ 剣眉

⑧ ひも眉

⑨ 濃い眉

⑩ あっさり眉

⑪ 乱れ眉

⑫ 短眉

眉にピンクをぬると仕事運が3倍化する

ここで、手軽に運を上げるとっておきの秘策をご紹介します。

「眉にピンクをぬる」です。

「眉にピンク!?　どういうこと!?」と思う方もいるでしょう。もちろん、眉毛をピンク色に染めろ、などということではありません。

眉を描き終わったら、最後の仕上げに全体にほんの少しだけピンクを載せるのです。女性ならたいていはピンク系のチークカラーをおもちかと思いますが、それを使っていただければOKなので、眉用に新しく買う必要はありません。おもちでない方はぜひひとつ購入してください。

この話をすると多くの男性が「ピンクのパウダー？　チーク？」「それはどこで買えるのか？」「店員さんになんて言って買えばいいのか？」「買いに行くのはちょっと恥ずかしい」などいろいろ慌て始めます。しかしそんなにおおごとではないので、落ち着いていただいて大丈夫です。

まず買える場所ですが、ドラッグストアやコンビニエンスストア、デパートの化粧品売り場などで買えます。よくわからないという方は周りにいる女性の誰かに聞いたり、一緒に買いに行ってもらってもいいと思います。あるいはお願いして買ってきてもらってもいいですし、送料を払えばネットで注文もできます。簡単です。

そしてこれは「できれば」なのですが、石油系のタール色素が使われていないもののほうがベターです。自分の運を上げるためのアイテムでもあることですし、あまり安いものよりも、この際少しいいものを購入してみましょう。

この「眉にピンク」をすると、まず若々しくなります。眉用のペンシルやパウダーで描いて終わりにしたときよりも、ふんわりやわらかい雰囲気が出ます。言わなければ誰も気が付かない程度の差ですが、しかしこの**「微差」が実は「大差」を生む**のです。

「眉にピンク」であらゆる運が驚くほど上がるのは、ひとつは「ピンク」という色のもつ力です。そして「眉」という顔の部位。この2つが開運の化学反応を起こすのです。私が40年以上もの間「顔」と「運」について様々なことを学び、実践し、運をよくするためのたくさんの仮説を検証してきた中で確信した事実です。

これは男性にもやっていただければと思います。なぜかというと、どの運も上がりますが、仕事運が特に上がるのです。

女性は一般的なメイクも普段からやりますが、男性は自分の顔のお手入れもあまり熱心ではない方が多いです。だからこそ私の「開運福顔」を実践し、洗顔と保湿でお顔を磨いて眉をしっかり描くということをするだけで、**見違えるように顔が輝き、運も急激に上がる方がほとんど**なのです。

自分の眉の足りないところを描き足したら仕事運が上がった私のクライアントの例は、枚挙にいとまがありません。

薄い眉をしっかり描いたらオンラインで何億円という契約がまとまった不動産会社の社長さん。眉を描き顔も運も変わった社長を見て社員もやる気になった人が続出し業績が大幅アップの会社や、それまでは1年くらいかかって出ていた売上金額と同等の額が3か月ほどで出せるようになった個人事業主。夫婦仲が悪くて離婚寸前だったご夫婦が、ご主人が眉を描くようになったらやさしくなりゴミ出しまでしてくれるようになった、という例まであります。

ある整体の先生は、コロナ禍でお客様が少なくなった中、への字の仕事眉にして薄いところをしっかり描くようになったら予約がどんどん入り始めたそうです。そしてここが面白いのですが、投資をやっているお客様からのすすめで自分も投資を始めてみたら合っていたようでそのまま投資家になり、たったの3か月で収入がそれまでの10倍になりました。

また、ある建築家の方は、やはりコロナでZoomなどオンラインでのやりとりが増えたため、眉をしっかり描いて仕事眉にして商談に臨むようになったそうです。そうしたら「ぜひお願いします」と仕事がすぐに決まるようになり、3か月で1年分の契約がとれてしまったと言っていました。

顔は運。そして眉はその最重要ポイントです。しっかり描いてくださいね。

眉をしっかり描くと予想外の幸運も舞い込む

これは、仕事で出会った男性に眉を描いて差し上げたときの話です。「仕事で成功したい」と言う彼は、福顔ですがまだそれを発揮できていないようでした。

それで眉の整え方を教えたのですが、1か月後に会ったときには顔のつやが出て、眉のおかげで目力も増していました。

その後どうですかと尋ねると、**仕事も調子が上がってきているけれど、それよりも驚くことがあった**そうです。

何かというと、父の日に娘さんと息子さんからそれぞれプレゼントをもらったとのこと。ここだけ聞くと、そんなに驚くようなことでもない気がしますよね？　でも、そうではないのです。実はそのプレゼントは、お子さんたちからの父の日の初めてのプレゼントだったというのです。

ちなみにお子さんたちはもう成人なさっています。

お子さんたちからお母さんへの母の日のプレゼントはずっと贈られてきたのに、なぜか父の日のプレゼントというのはこの男性の家ではずっとなかったそうなのです。

家族仲もよいのに、なぜか父の日だけが家族のイベントカレンダーにはなかったのも不思議ですが、彼が眉を描いたとたんにこんなことが起こったのも不思議です。父の日がないことが正直、ちょっと、というよりかなり寂しかったと言う彼は、だからもう本当にうれしかったそうです。

彼がもともと願っていたのは仕事運のさらなる上昇ですが、このように**意外なところから別の運がやってくることもあるのが、開運福顔の面白さ**だと思います。

彼の顔全体はキラキラと光っていたので、この先、仕事運も向上してくることは間違いありません。というか、そんな顔を見ていたら、「この人と仕事がしたい」と絶対に思います。お子さんたちだって、その顔を見て、お父様を応援したくなったのです。

たかが眉、されど眉。今度はあなたに幸運が訪れますように。

眉を描くことは、欲しい運を顔に描くこと

眉も年齢とともに薄くなります。自然の摂理です。でも心配する必要はありません。薄くなったら、描けばいいのです。

描けばよいので、なんとでもなります。**運はつくれる。このような気楽さで、欲しい運をどんどん描いてしまうことです。**

朝の歯磨きが習慣となっているように、私は「眉を描く」ことも日常の習慣にするべきだと思っています。

歯を磨くのは、口内を清潔にし、健康な歯や、爽やかな息を保つためです。眉を描くのも同じです。よい運を引き寄せたり、悪いものを予防したりするのです。

ある男性の話をします。

芸能プロダクションの社長で、物腰もやわらかく、清潔感もあり　とても仕事の

できる方です。眉はつり上がった「剣眉」という形をしています。

この眉の人は、負けず嫌いで、人の上に立つ運をもっています。勝負運も強い。その反面、対人関係の悩みを抱えることもあります。突如、対人トラブルに巻き込まれたりするのです。

社長さんに、それを言うと「たしかにそうです。つい先日もケンカの火の粉が降りかかって困りましたよ」と苦笑いをしていました。そこで私は、眉にゆるやかなカーブをつけて、眉尻の下がった「アーチ眉」を描きました。

社長さんに鏡を見せると「このほうが自分らしくて落ち着く」と言ってくださいました。後日、社長さんからはこんな連絡をいただきました。

「あれ以来、眉をアーチ状に描いていますが、驚くことばかりですよ。タレントがプチブレイクしたり、力のある方から声をかけられたり、いい感じです」

眉の描き方を教えても、その場限りでやめてしまう人もいる中で、**毎日、眉を描き続けた社長さんのこの誠実さが、運を呼び込んだ**と私は思っています。

眉ひとつで「モード」を切り替え、恋愛・結婚運も爆上げできる

眉は欲しい運を手に入れる、もっとも手軽で有効なツールです。

この手軽さをどんどん利用すべきです。

ある女性の話を紹介しましょう。

彼女の眉は、お習字で書いたような「への字」。これを「仕事眉」と言いますが、眉が示す通り、彼女はバリバリの仕事人間でした。

でも、ある日「私、本当は仕事より結婚がしたいんです」と打ち明けてくれました。お付き合いをした人は何人かいるけど、なぜか関係が深まらない。「だったらもう仕事を一生懸命にやろう」と、それが仕事人間の真相だったようです。

きれいだし、性格も明るいし、モテるはずの彼女の恋が深まらない原因。それは立派な「仕事眉」。脳を「仕事モード100パーセント」に変えてしまうのです。

この眉のままで恋人と会っていても、仕事のことが頭のどこかにあるかもしれません。あるいは、デート中に化粧室へ行って鏡に映った自分の仕事眉を見たりしたら、その瞬間に仕事モードに戻ってしまうこともあるでしょう。

困るのは、相手のほうも彼女の顔を見ているうちにだんだん仕事モードになってしまうこと。

このためデートをしていても、いつのまにか仕事の話になってしまいます。

彼女にそう話すと「本当にその通り。見ていたんですか？」と大笑いしました。

私は彼女に、次のようなアドバイスをしました。

「仕事が終わったらね、眉を描き直すの。恋愛・結婚運の上がるアーチ眉にしてお出かけしてみて」

眉を描き換えることで、脳のスイッチが恋愛モードにカチッと切り替わるのです。

そしてデートのときに相手もその眉を見たら恋愛モードになります。２つの効果があるのです。

アーチ眉にした自分を鏡で見たら、自分の脳が変わり、仕事モードから恋愛モードになりますが、これが仕事眉のままだと、自分もその眉を見た相手も仕事モードになってしまうので、ふたりで仕事の話ははずむかもしれませんが恋愛の話はあまり進みません。

彼女はあのあと新たな恋を見つけ、いまはそれを深めています。

眉の力は、実践してみると、その効果を実感できると思います。

ちなみにアーチ眉は、異性との関係だけではありません。距離を感じている人がいるなら、アーチ眉を描いてから会うようにすると、距離が縮まります。「なんとなく家に居場所がない」というお父さんは、ぜひお試しください。アーチ眉を描いてから帰宅すると、家族の対応や視線が温かくなるのを実感できますよ。

眉は脳に近いので、お互いに影響しあっています。これは私のお顔鑑定の実感です。

そしてまた、ご先祖ともつながっています。12宮では眉はきょうだい運を現すので、家系や才能、寿命などとも密接に関係するからです。

眉は本当に大事なんですよ！

3章

自分の顔は
自分でつくって
育てるもの

自分の顔は好きですか？

私は、お顔鑑定や開運福顔のアドバイスをするときは、楽しくお顔談義をしながら、**できるかぎりその人が前向きに明るくなれるよう**につとめます。

あるとき、自分のことを「モテない」「結婚なんてできない」と思い込んでいた女性の鑑定をしました。その方の目の下の涙袋がふっくらとしていて、口角も上がっていたので「とても運のいいお顔で、ご自分だけでなく周りの方も、そしてもちろんおつきあいする方ものすごく幸せにする相ですよ！　自信をもってください！」とお伝えしました。

すると私のアドバイスを意識して生活するうちに、なんと3か月後に参加した経営者セミナーでビビッときて気が合った彼と半年後に結婚が決まったのです。

また別のときに鑑定した男性は「自分はお金に縁がない」「一生貧乏だ」と思っていた方でした。しかし見ると大きくて肉厚の立派な鼻をおもちでした。しかも鼻の穴は下を向いていますから入ったお金が出て行きにくい。ものすごい金運、財運、健康運があります。

そして鑑定から3か月後、宝くじが当たったのです！

しかし話はここで終わりではありません。宝くじが当たったことで「自分には本当に金運があるんだ」と信じた彼は仕事をとにかくがんばり、その結果どんどん大きな仕事が入るようになり、いまは500万円、1000万円といった金額を貯蓄できるようになったのです。

私から見れば、**どのお顔もすばらしい運をもった、本当によいお顔**です。

むしろ、自信をもって、どんどん磨いて光らせるべきです。

自分の顔を大好きになって、徹底的に磨いて「ご自愛」すればいいのです。すると、開運福顔はどんどん育っていきます。

この章では、そうした「開運福顔の育て方」を紹介していきます。

おでこは出せば出すほど運気が上がる

開運福顔は、福を呼び込み、福の神に愛される顔。もって生まれた運を育て、運を生かし、運を逃さない顔のことです。

せっかく開運福顔を育てたら、ついでにやっていただきたいことがあります。それは、前髪を上げること。つまり、額を出すことです。

額は12宮の「官禄宮《かんろくぐう》」で、出世、社会、仕事、地位などの運を現すエリアです。また、眉間は「命宮」で、願望達成、健康運、生活力、精神力などを現します。

運にとって「最重要エリア」とも言えるこの場所を、前髪で隠している人を見かけます。これはとてももったいないことなのです。

とくに、結婚を考えている人、仕事で張り切りたい人、役職を得た人、スポーツなどの勝負事をする人、病気を克服したい人など、**人生を切り拓《ひら》こうとしている人は、絶対に前髪は上げておくべき**です。

額は、よい気を取り込む「入気」の場所、悪い気を外へ出す「放気」の場所とされます。額が光り輝いていれば、入気と放気が上手にできるのですが、隠しておくと、気の出入りが滞ってしまうわけです。

気はエネルギーです。気が滞ると、パワーも出なくなるのです。

また、水が一か所に滞ると淀《よど》んで腐るように、気も滞ると、腐っていきます。換気をよくして、気をいつも新鮮な状態にしておくと、福を呼び込みやすくなり、福の神が心地よくいられるようになります。

とはいえ、これまでずっと前髪を下ろしてきた方に、いきなりオールバックでおでこ全開というのはハードルが高すぎますよね。そんなときに私がおすすめするのが、「まずは前髪を分けること」。全部下ろしていたのを真ん中や斜めで分けて、少しでも額を出すのを「練習」していくのです。

ヘアピンでとめてもいいですし、ジェルやワックスなどでセットしてもいいでしょう。

「おでこを全部出すのはちょっと恥ずかしい」という方に理由を聞くと、「おでこが広いから」とか「眉を全部見せるのは勇気が」とかいろいろおっしゃるのですが、広い額はまさに開運福顔ですし、眉に自信がない方は整えたり描いたりすればいいのです。

額は観相学で生涯の運・不運を見る部分です。ここの色つやがよいと先祖の恩恵、神仏の恩恵、天の恩恵が受けられるとされていますので、この際ですから額を磨いてきれいにぴかぴかにして、「出すのが恥ずかしい」どころか「私の額を見て！」と自信がつくようにしてしまいましょう。

人生は日々、何かの練習です。ぜひ、額を出す練習を、今日から始めてください。

この4つで開運福顔をつくる

開運福顔を育てる大きな柱があります。それは次の４つになります。

①メイク（男性は眉だけでも）：福を呼び込み、福の神に愛され、よいご先祖が

応援してくれます。

②スキンケア：洗顔と保湿が基本です。顔が明るく光ります。
③マッサージ：皮膚、脂肪、血管、筋肉への刺激で顔の形を整えます。
④明顔と明脳：①～③で顔が明るくなると、脳も明るくなります。

女性はメイクも大事ですが、しかしもっと大事なのは、顔そのものの明るさです。それは**つやや張りがあるということとともに、表情も明るいということ**。

「メイクを落としたとたんにどんよりと暗い顔」では困ります。メイクは補強、できればすっぴんの状態でもにこにこつやつやでいたいものです。

そのためには、メイクだけではなく、スキンケアやマッサージも、できる範囲でぜひやっていただければと思います。

毎日続けられたら完璧ですが、でもはじめからがんばりすぎると長続きしません。やがては毎日の習慣になるように、自分のペースでやりましょう。

そのうちに開運福顔が育ってくるのが実感できれば、「よし、もっとやろう」と思うかもしれません。

開運福顔が育ち、顔が光り始めると、脳が明るくなります。思考や行動が変わり、いいことが起こり始めます。

すると、うれしくて楽しいので、顔がさらに輝くようになり、脳はさらに明るくなっていきます。

この４つが合わさることによって、**開運福顔の好循環**が生まれるのです。

人生にはよいことばかりが起こるわけではありませんが、開運福顔にしておくと、大難が小難で済み、小難を無難に乗り越えることができます。

人、もの、お金、力、情報、機会など、さまざまなチャンスも訪れます。幸運をしっかりつかむためには、備えておくことが大切です。**顔を光らせておくことは「準備ＯＫ」のサイン**でもあるのです。

私たちがもって生まれてきた幸運をさらに「育てる」「生かす」「逃さない」お顔が、開運福顔なのです。

「趣味は保湿」と言えるようになったら完璧

肌ってどれくらい薄いと思いますか？

部位によっても違いますが、2〜3ミリもある。意外と厚いのです。

でも、これは皮膚全体の厚さです。私たちが一般的に「肌」と言うのは、表皮にあたる部分で0・02ミリくらい。かなりの薄さです。

この薄い表皮は、葉っぱを積み重ねるように10〜20層になり、いちばん上をラップのような極薄の膜が覆っています。

これが肌の構造です。

そして、私たちの体は約70パーセントが水分でできていて、表面を皮膚が覆っています。水玉風船みたいな感じなのです。

年齢とともに、皮膚に含まれる水分や油分は抜けやすくなります。これによって、肌のみずみずしさや潤いがなくなっていくのです。

また、ガサガサした表皮には雑菌などが付着し、繁殖しやすくなります。ニキビや吹き出もの、シミ、しわ、くすみなども、ここから始まります。

これを防ぐために保湿をするわけです。

私は子どもの頃からのアトピーと肌の病気とでガサガサを通り越して真っ黒な肌でしたが、64歳のいまはぴかぴか、キラキラです。**「いつか絶対にきれいになりたい」と思いながら運と顔のことをずっと考え、「趣味は保湿」と公言しスキンケアを続けてきた結果**です。

でも、これはあなたもできます。私が教えます。

スキンケアはむずかしく考えないことが大切です。朝と夜に化粧水をたっぷりつけ、乳液などを塗る。「つやがないな」と思ったら、クリームを塗る。

それだけです！

肌はとても薄く、層になっているので、やさしくするのが基本です。ゴシゴシと強く洗いすぎたり、力を入れてマッサージをしたりして傷つけないように。

この基本的なことを知っていれば大丈夫です。

テカテカとぴかぴかは似て非なるもの。男性のための簡単講座

「お顔を光らせましょう」とアドバイスすると「僕はテカっているから大丈夫ですね」と言う男性が時々いて、思わず笑ってしまいます。

ポジティブでいいですが、しかし「光る」と「テカる」は違います。

「光る」というのは、見た目が明るいということです。顔の血色がよく、よくお手入れされた肌は、つやがあり光っています。表面がガサガサしておらず、きめが細かいので、光を反射し、明るく、輝いて見えるのです。

「テカる」は、脂が浮いた状態です。これがいけないわけではありませんが、目指すのは、脂が浮いた「テカり肌」ではなく、**光を反射する「つや肌」**です。

ようは、肌がよい状態にお手入れされているか否か。「ご自愛」をしているかどうかなのです。

開運福顔が目指す理想のつや肌は、赤ちゃんの肌です。汚れや、すすけた感じがなく、しっとり、モチモチした肌です。

赤ちゃんは細胞が新しいため、つや肌をしていますが、年齢とともに細胞は古くなります。だからこそ、スキンケアが必要なのです。

基本は十分な洗顔と保湿です。

外気にさらされた顔の肌には、砂、ほこり、ガス、ウイルス、細菌などさまざまなものが付着します。また、体内からも汗や脂、分泌液などが出て、肌の表面に残ります。さらに女性の場合は、お化粧をして、時間とともに劣化した化学成分が顔を覆っています。

これらをしっかりと落とさないと、毛穴や表皮の隙間に入ってダメージを与えるのです。

保湿の習慣のある男性も最近は増えてきてうれしく思っていますが、一定以上の年齢の方はまだまだ「保湿？　自分は大丈夫」という方が多いようです。

女性のようなメイクをしないぶん、洗顔と保湿と、眉をしっかり描くということだけはぜひきっちりとやって、「ご自愛」していただければと思います。

「思考」は「指先」から出る。細胞を育てる気持ちでお声がけ

病気やケガの処置をすることを「手当て」と言います。昔は、痛みや悪い部分に、「手を当てて」治していました。ここから「手当て」と言うようになったのです。

手当てをしていたのは、お医者さんだけではありません。痛みがあるときに、自分の手でさすると、和らいでいきます。

子どもの頃、痛みを訴えると、お母さんが「痛いの痛いの飛んでいけー」と言いながら、さすってくれたのを覚えています。本当に痛みが和らぐので、私はそのたびに「お母さんの手はすごいな」と思ったものでした。

手は本当にすごい力をもっています。ですから、どうぞ自分の顔を好きになって、**その思いを手から顔に伝えてください。**

「面倒くさいな」と思いながらやると、それが伝わり、お肌はやる気を失いますから、「いつも光ってくれてありがとう」とか「どんどん光ってね」と思いながらご自愛をすると、お肌もやる気が出て、光り始めます。

自分の手から出る願いをお顔が受けとってくれるのです。「よろしくお願いします！」という気持ちでやってみましょう。

「光れ光れ」「肉厚肉厚」「お金が回るお金が回る」

「今日も一日がんばろうね」「いつもありがとう」

「上がって上がって」「あなたのほっぺはこっちよ」

開運福顔マッサージは声をかけながら行います。

言葉は何だっていいのです。正直な願望だってかまいません。

「お給料アップ」「3キロやせる」

1章の「12宮」を見てみましょう。自分が上げたい運に関係する顔のパーツを確認して、そこをマッサージするときにぜひお声がけをしながらやってみてください。

開運福顔づくりは、細胞を変え、脳を変えていく行為です。あなたの持っている

本当の力や運を引き出していく「育成」なのです。

だからお声がけが大事なのです。これは子育てとまったく同じです。

「彼氏ができる、彼氏ができる」「結婚する、結婚する」

「プロジェクト成功、プロジェクト成功」

目標を共に達成してくれる細胞や脳、さらには見えない存在にも自分の思いがはっきり伝わるように、曖昧な言葉ではなく、明確な言葉をかけてあげましょう。

言葉をかけることで、顔がより明るく光るようになります。とても不思議なのですが、これが真実であることを、私の体験が実証してくれています。

開運福顔マッサージでとことん運のいい顔をつくる

顔は誰でも育てることができます。私はとくに輔弼《ほひつ》の部分を育ててきましたが、ほかのパーツもある程度思うように育てることは可能です。

メイクやスキンケア、マッサージなど「ご自愛」を続けているうちに、いろいろなパーツが面白いほど変化していきます。

私たちの細胞は、年齢とともに「変化」していきます。

でも、衰える一方ではなく、自分で動かしたり、育てたりもできます。高齢になっても筋肉はつきますし、意識的に動かせば、細胞は活性化します。何もせず、放っておくから低下する一方になるのです。

お肌も、ちゃんと言い聞かせてマッサージしてあげると「はい！　わかりました」と言うことを聞いてくれます。

「顔の肉が下がってきちゃった。もう年だから仕方ないわね」という人がいますが違います！　年だからではありません！　ご自愛しないからたるむのです！

元の位置に戻そうとすれば、顔のお肉は、戻っていきます。

頬のお肉が下がってきたと感じたら、すぐにマッサージです。

「ありがとう。大好きだよ。ほっぺ、もっと上がれ上がれ」

そんなふうに言いながら、上に上にとマッサージしてあげればいいのです。

やさしく丹念に、感謝と愛を込めて、ご自愛するようにしましょう。

顔は実は粘土細工のようなもの。毎日やっているうちに必ず変化します。

もちろん、何歳からでも大丈夫です。


顔のマッサージをする目的は、簡単に言うと、次の3つです。
・ご自愛の思いを伝えること
・血行やリンパ液の流れをよくすること
・細胞に刺激を与えてパーツのカタチや位置を整えること
これによって、肌が元気になります。そして、顔色の悪さやたるみ、くすみ、シミ、しわなどが改善されていきます。


ここから、開運福顔マッサージの手順を紹介します。ぜひやってみてください。

最初はゆっくりでいいですし、間違っても何の問題もありません。

「全部は面倒だな」と思う人は、できるところだけやってもいいですし、週に一度少しがんばって通してやってみるなどもいいと思います。

「ちょっと違うかも」「全部はむずかしいかも」「今日は面倒かも」と思ったら、無理せずにできる範囲で。これが「続けるコツ」です。

「やらないよりずっとマシ」、これを合い言葉に、自分のペースで開運福顔をつくっていってください。

これは**「美容」ではなく「運を上げるルーティン」**なのです。

開運福顔マッサージのポイントとしては、

- クリームなどを塗りながら（量はさくらんぼ大×2）
- 人差し指・中指・薬指の3本を使って
- 筋肉の流れに沿ってゆっくりと
- 顔にしわをよせないようリラックスして
- ツボを押さえるときは軽く
- お肌に言葉をかけながら、細胞に言い聞かせるように

というのを心がけながら行います。

①クリームの半分を両頬に、残りを「額」「鼻」「あご」に3等分して載せ、内から外、下から上に向けて全体に伸ばします。

②眉間から真上に向かい、外回転のらせんを描きながら、こめかみまで進みます。こめかみを軽く押さえて手を離します。(3回くり返す)

*額は「出世！　出世！　大開運！」「願いがかなう！　願いがかなう！」と言葉をかけます。

③鼻のつけ根から、下に向かって、6回両手で交互になで下ろします。

*鼻すじに「健康！　健康！　一生健康！」と言葉をかけます。

④鼻の両脇は小鼻からつけ根に向かって3往復します。小鼻は両脇を左右とも数回マッサージします。

*小鼻は「お金が貯まる！　お金が貯まる！」と言葉をかけます。

⑤あご先のおとがいから鼻の下まで、口角を引き上げるように半円を描きます。唇にふれずにおとがいに戻ります。(3回くり返す)

⑥おとがいから耳下腺、口角からアリキュラ、小鼻からこめかみ、それぞれ表

開運福顔マッサージ

ポイント

- クリームなどを塗りながら（量はさくらんぼ大×2）
- 人差し指・中指・薬指の3本を使って
- 筋肉の流れに沿ってゆっくりと
- 顔にしわをよせないようリラックスして
- ツボを押さえるときは軽く

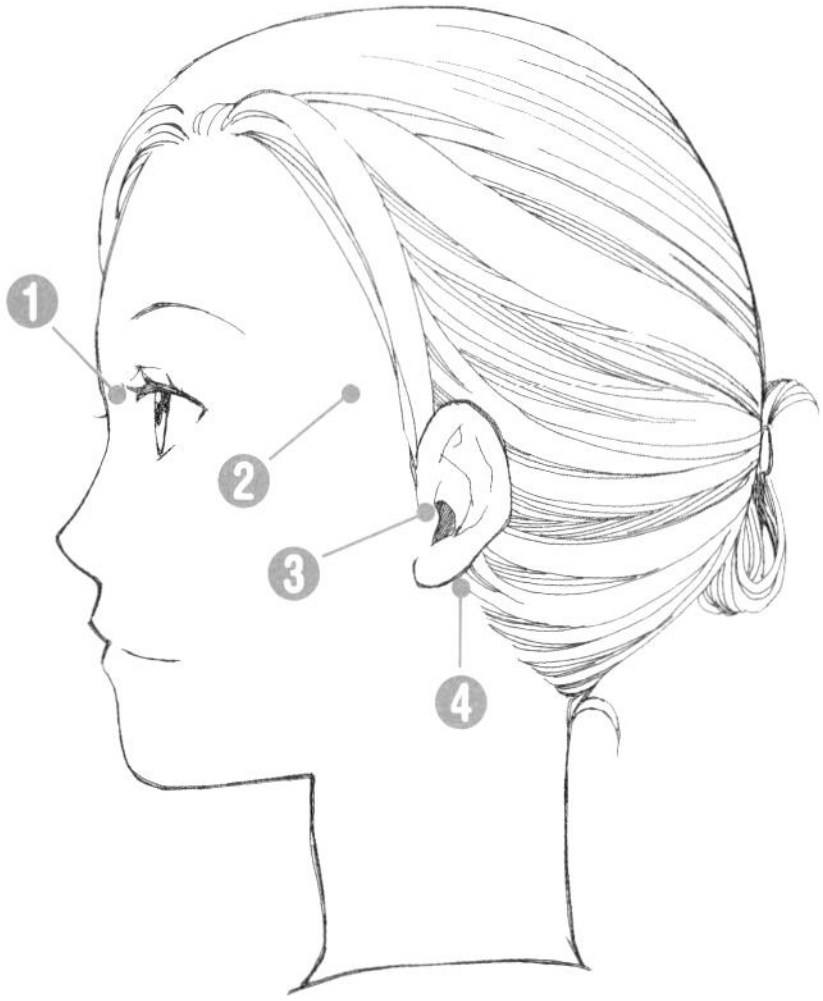

最重要ポイント

- お肌に言葉をかけながら、細胞に言い聞かせるように

ツボの説明

❶目頭　❷こめかみ
❸アリキュラ（耳穴の手前の少し凹んでいる部分）
❹耳下腺

①

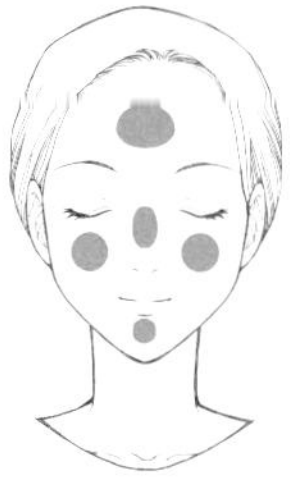

クリームの半分を両頬に、残りを額・鼻・あごに3等分して載せ、「内から外」「下から上」に向け全体に伸ばします。

②

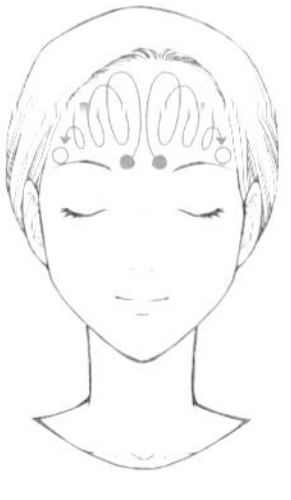

眉間から真上に向かい、外回転のらせんを描きながらこめかみまで進みます。こめかみを軽く押さえて手を離します。（3回くり返す）

＊額は「出世！ 出世！ 大開運！」「願いがかなう！ 願いがかなう！」と言葉をかけます。

③

鼻のつけ根から下に向かって6回両手で交互になで下ろします。

＊鼻すじは「健康！ 健康！ 一生健康！」と言葉をかけます。

④

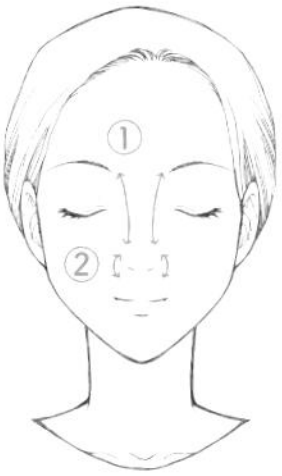

①鼻の両脇は小鼻からつけ根に向かって3往復します。 ②小鼻は両脇を左右とも数回マッサージします。

＊②の小鼻は「お金が貯まる！ お金が貯まる！」と言葉をかけます。

⑤

あご先のおとがいから鼻の下まで、口角を引き上げるように半円を描きます。唇にふれずにおとがいに戻ります。（3回くり返す）

⑥

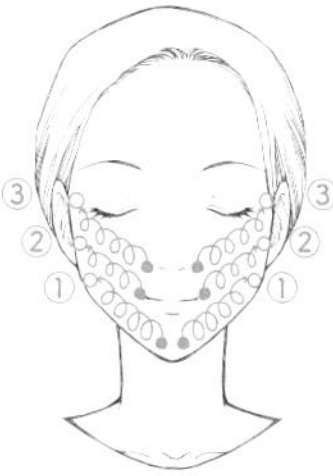

①おとがいから耳下腺、②口角からアリキュラ、③小鼻からこめかみ、それぞれ表情筋に沿って外回転のらせんを描き、ツボを軽く押さえて離します。（①②③をワンセットとして3回くり返す）

⑦

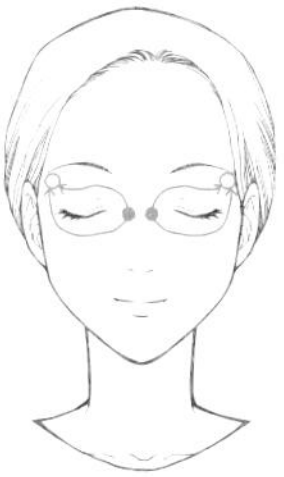

目頭を軽く押さえ、まぶたを通ってこめかみまで進み、軽く押さえて離します。同様に目頭を軽く押さえ、目の下を軽く引き上げるようにしながらこめかみまで進み、軽く押さえて離します。（3回くり返す）

⑧

①あごの下に右手を添え、フェイスラインに沿って右耳のほうへ滑らせます。同様に左手を左耳のほうへ滑らせます。（左右交互に2往復）
②左右の手の甲を首からあごへ向かって、下から上へくるくる回転させながらマッサージします。（2往復）

情筋に沿って外回転のらせんを描き、ツボを軽く押さえて離します。（これをワンセットとして3回くり返す）

⑦目頭を軽く押さえ、まぶたを通ってこめかみまで進み、軽く押さえて離します。同様に目頭を軽く押さえ、目の下を軽く引き上げるようにしながらこめかみまで進み、軽く押さえて離します。（3回くり返す）

⑧あごの下に右手を添え、フェイスラインに沿って右耳のほうへ滑らせる。同様に左手を左耳のほうへ滑らせる。（左右交互に往復）

左右の手の甲を首からあごへ向かって、下から上へくるくる回転させながらマッサージします。（2回往復）

1回で変わる、1週間で見違える、1年やれば別人に

こうしたマッサージを1回行うだけでも、何か違う感じがするはずです。

試しに、鏡を見てニコッとしてみましょう。

笑顔をつくりやすいと思いませんか？　顔の筋肉がゆるんだからです。開運福顔が、この瞬間にスタートしたのです。

1週間くらい続けると、福にあふれた幸せな顔になってきますよ。

「1日に何回」という決まりはありません。何回でもやってみてください。

ギューッと強くやってはいけません。やさしく、ゆっくりやるのがコツです。

「このお肉はね、下じゃないのよ。もう少し上にいてね。ありがとう」などと細胞に感謝し、語りかけながら行うと効果が出やすくなります。

私たちだって、人から褒められたりかわいがってもらったりすると、うれしくなって、張り切りますよね。顔も同じです。**同じ細胞からできているのですから、褒められればがんばるし、粗末に扱われればふて腐れます。**真剣に向き合ってもらえたら、「よし！　期待に応えよう」となる。すると、つやや輝きが出てくるのです。

コロナのためにマスク生活を強いられた私たちの顔は、疲れて下がっています。

また、オンラインでの打合せが増えたために人ではなく機械に向き合うことが多くなり、それもよい影響とはいえません。直接会って話すよりも表情が乏しくなりがちですし、顔の動きが少なくなると必然的に筋肉もかたくなります。

顔が下がれば運も下がるので、なんとかしてリカバリーする必要があります。だからこそのマッサージです。

自分のことは自分がいちばんかわいがり、大事にしなければならないのです。

お化粧は顔に「結界」を張る行為

いまでは、多くの人が「メイク」と言いますが、正しくは「メーキャップ」(最近では「メイクアップ」のほうが多いかもしれません)。そもそもは英語で「makeup」=「化粧」や「ふん装」という意味もありますが「性格」や「資質」「キャラクター」などの意味もあるそうです。とても意外ですが「メイクによって自分らしくなる」というのが本来の意味なのかな、と私は思っています。

日本語の字源では、化粧の「化」は「立った人」と「ひっくり返った人」を合わせた文字で「姿を変える」ことを表しています。「ばける」「ばかす」という意味もあります。

「粧」は「米からつくったおしろい」で「身づくろいする」ことを表した文字です。「よそおう」「めかす」「つくろう」という意味があります。

「化」と「粧」を合わせると「よそおって姿を変える」となります。

一説によると「お化粧」は、神様の前に出るために行ったといわれます。

この開運福顔のメイクも、福に気に入られる、福の神に愛されるためのメイクです。メイクによって、より自分らしくなり、「本来の運を育て」「もっていない、欲しい運を手に入れて」「運をいかし」「運を逃さない」顔になることなのです。

お化粧にはまた別の意味があります。それは**「結界を張る」**こと。

邪気や病気を寄せ付けぬようにしているのです。

クレオパトラのアイメイクはあのくっきりとしたアイラインが印象的ですが、あれも美のためというよりは魔除《まよ》けや結界、あるいは目の病気を予防するなどの効果を期待して施されていたそうです。

現代であのメイクを毎日するのはなかなか大変ですし、私たちはやはり**開運福顔のメイクやマッサージでキラキラぴかぴかつやつやのお顔でにこにこしているのが、邪気や病気を寄せ付けず運気を上げる近道**です。

なによりも、ぴかぴか、キラキラした開運福顔になると、脳が一瞬にして変わります。それによって顔だけでなく、あなたの存在が輝き始めるのです。

光り輝くあなたに接した人や目に見えない何かが、あなたにひかれ、一緒に楽しい時間を過ごしたいと思うようになります。何かを提供したくなります。

光っているものに、このような気持ちを抱くのは、理論や理屈ではなく、自然の摂理です。

次の項目からは、開運福顔のメイクの中でもとくにベーシックな恋愛・結婚、仕事、お金のそれぞれの運を高めるメイクを紹介します。

それぞれ人によって顔はいろいろなので、本当はお顔鑑定をして、その方のもつ運を最大限に生かし、かつその方が希望する運を上げるための個別のメイクが望ましいのではありますが、ここではごくごく基本的な、どなたの顔にでも応用可能なメイクの形でお伝えしようと思います。

なお、男性は眉をしっかり描くだけでもかまいません。スキンケアとマッサージも一緒に行えば、想像以上の幸運が訪れますよ。

開運福顔メソッドで、ただのメイクを「怒濤《どとう》の運気アップメイク」に

洗顔と保湿をきちんとして顔につやを出し、そして眉をしっかり描く。これは開運福顔の基本中の基本、かつこれだけでもちゃんとできていたら**運がみるみる上がっていくシンプルで強力なメソッド**です。ここではそれに加えて、「このポイントをおさえれば運が10倍上がる」という開運福顔メイクを3種類ご紹介します。

大事なことなので何度も言いますが、一般的な美容のメイクや流行のメイクとは違って、**とにかくあなたの運をひたすら上げるためのメイク**です。カラーのイラス

トも載せましたので、参考にしながら練習してみてください。
イラストなので、わかりやすくするためにアイシャドウやチークなどは少し強調した感じにしてあります。それぞれのお顔立ちや肌の色味などは違いがありますし、お使いのメイク道具もいろいろでしょうから、少しずつ練習してみてください。
でも、やってみたら必ず「すごい！」と思うことが起こりますよ。

1 恋愛・結婚運がアップする開運福顔メイク

全体的にピンクが多めで、やわらかい印象のメイクです。少したれ目や下がり目ぎみにすることで、人間関係をよくするので、愛され運が上がります。人の好意で運をひらく顔です。

［こんな人向け］恋人が欲しい。幸せな結婚がしたい。人間関係を円満にしたい。異性にモテたい。同性にモテたい。家族に愛されたい。

眉：

恋愛・結婚運を10倍上げる開運福顔メイク

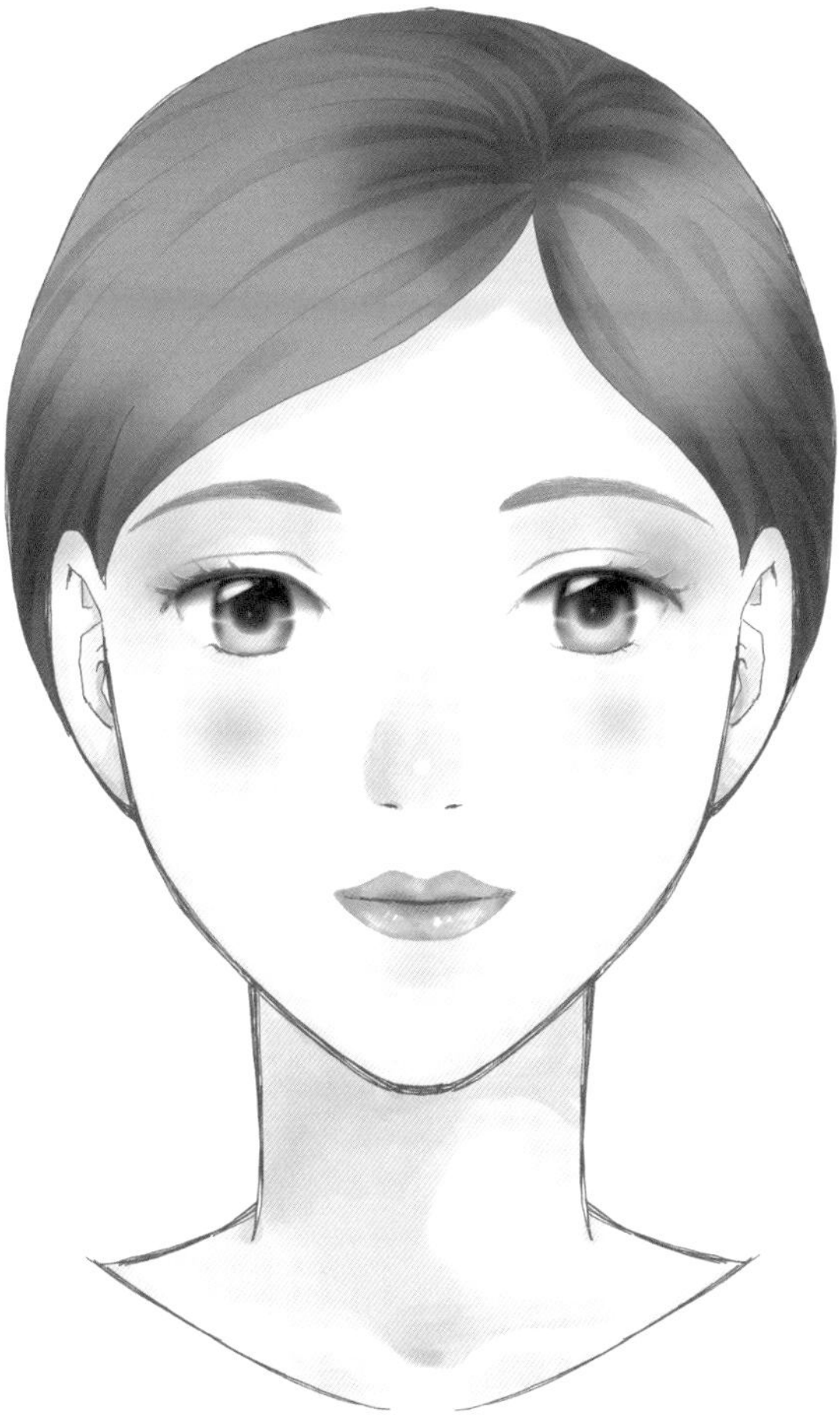

・眉頭は丸くする。
・眉山に向かって、丸みを帯びた（角をつけない）ゆるやかなカーブを描き、眉尻を下げたラインをつくる。
・髪の毛より薄い色のアイブロウを使う。上からピンクをふんわりと載せる。

目：
・目尻を下げるようにアイラインを引く。
・マスカラの目尻寄り3分の1は下げてぬる。
・ふわっと全体にホワイトや淡いベージュなどを載せ、ピンクで目尻をぼかす。

頰：
・黒目の下あたりに、ピンクのチークをふわっと丸く入れる。
・耳からあごのラインにも、ふわっと入れる。

口：
・上唇、下唇が同じ面積になるよう輪郭をしっかり描く。
・口角はキュッと上げる。

・色はピンク。

2 仕事運がアップする開運福顔メイク

仕事運の色であるブルーの入った、きちんとしていて清潔感もあるメイクです。への字の仕事眉がポイントです。眉山をつくることで、仕事の山つまり目標を設定しそれをやりとげることを現します。

［こんな人向け］仕事をがんばりたい。仕事を好転させたい。大きな仕事を任された。危険な仕事を安全にやりたい。最近ついていないので運気を変えたい。仕事を成功させたい。昇進したい。プロジェクトをうまくやりたい。起業をしたい。会社経営を成功させたい。

眉：

・眉頭から眉山に向かい、太い線を直線的に描く。
・眉山は黒目より少しうしろにしっかり描いて、引き下げる。

・「への字」になるようにする。
・眉の上からふんわりとピンクを載せる。
目：
・大きくきりっとした目に描く。
・アイラインもマスカラもしっかりめに入れる。
・目尻寄りのアイカラーは、ブルー、ライトブルー、目頭にイエロー。
頬：
・頬骨の上から鼻に向かってやや斜め下方向にオレンジ2、ピンク1の割合で入れる。
口：
・アウトカーブで厚く、しっかり描く。
・下唇は、直線の船形に。
・色はオレンジかレッド2：ピンク1。

仕事運を10倍上げる開運福顔メイク

3 金運がアップする開運福顔メイク

金運アップですからゴールドやイエローできらきらにしつつ、しも品もあるメイクです。仕事運の眉とは眉山の位置が違うへの字眉で、黒目のところにもってきます。

［こんな人向け］金運を上げたい。財運を上げたい。労力の割に実入りが少ない。お金は入ってくるのに貯まらない。

眉‥
- 眉山を黒目寄りか少し手前にし、目尻に向かって「への字眉」を描く。
- 濃いめに描く。

目‥
- 目尻は切れ長に。
- アイラインは、上げ気味に、長く入れる。
- 色は、ゴールド、オレンジ、イエロー。

金運を10倍上げる開運福顔メイク

頬‥

・頬骨の上から鼻に向かってやや斜め下方向にピンクとオレンジを混ぜてパワフルに。

口‥

・上唇、下唇ともに同じ面積で厚めに描く。

・下唇は、直線で船形に。

・色は、レッド×オレンジ。

私は、光の道を歩みたいと考えています。

そのために、自分を光らせています。できるなら顔だけでなく、体全体から発光したいと思っています。

オーラというのは、全身の発光であり、人間が発するエネルギーのことです。

顔が明るくなり、脳が明るくなると、明るいエネルギーが全身に満ちてきます。

そうすると、光るのです。

自分が光っていれば、どんなに暗い道でも、まっすぐに進むことができます。
闇を前に怖気《おじけ》づき、足がすくんでいる人にも、道を示すことができます。
自分の顔で闇を照らす、そんな生き方をしませんか?

顔の「スリー・パワースポット」を光らせる

開運福顔になると、顔全体が明るく光ります。
その中でもとくに光らせたいのが、額、輔弼、鼻の頭の3か所です。
「顔のスリー・パワースポット」と私が呼ぶ部分です。

パワースポット① 額：観相学の12宮で、「官禄宮」「命宮」「遷移宮」「福徳宮」という4つを内包する部分です。
官禄宮は出世や地位、命宮は願望達成、遷移宮は行った先々で成功するという場所を選ばない運、福徳宮は金運と財運。このように、**とてつもなく大きな運をまる**

ごと抱え込んでいるのが「額」なのです。

パワースポット②　輔弼：ニコッと笑ったときに、ぷっくりと盛り上がる部分で、人気運に関する部分です。もちろん愛情運も高まります。

輔弼が盛り上がっていると光が当たり、反射します。ですから、本当に光を放つように見えるのです。

痩せている方や輔弼がぺたんこな方も、ここにピンクを入れると輔弼が上がって見えます。さらに、笑うとグイッと上がりますよ。笑っている人の顔が光って見えるのは、こうした理由も隠れていました。

輔弼が光ると、表情がとてもやわらかくなります。その顔を見た相手は、楽しそうだな、お話ししてみたいな、温かそうだな、という気になってきます。

メイクの方法としては、ファンデーションの最後にピンクを入れます。ピンクを入れることで、ふんわり花が咲いたように明るくなります。

男性はとにかく顔につやを出し、眉をしっかり描くことです。

パワースポット③ **鼻の頭**：12宮の「疾厄宮」と「財帛宮」にあたる部分です。

疾厄宮は健康運、財帛宮は金運ですから、人生にとっては最重要エリアです。

美容界の常識では「鼻の頭のテカりは抑える」といわれています。でも、**運の世界の常識では「テカり」は抑えても、「光」は抑えてはいけません。**

鼻を光らせておかないと、健康が損なわれたり、お金と縁遠くなったりするからです。健康運や金運を高めたいなら、迷わず光らせることです。

運を上げたい人は、いますぐ口角を上げなさい

開運福顔を育てるためのスキンケア、マッサージ、メイクについて話してきました。ここでちょっと口角のお話をします。

口角は観相学の12宮では「奴僕宮」のエリアで、晩年運・家族や家庭の運、部下の運などを現します。

口角が下がっているとこれらの運も下がるので、一大事です。今すぐ口角を上げ

て、にっこりと笑いましょう。

そもそも口角が下がっていると、顔が10倍老けて見えます。もったいない！

それに、たとえば輔弼を育てるのと比べると、口角を上げるくせをつけるのは簡単です。とにかくつねに口角を上げていればいいのです。そして口角の上がった顔をしていると脳も「楽しい」と思うので、**顔と脳が連動して開運しやすくなります**。

口角が上がりにこにこした顔をしている人と、口角が下がって老けた顔をしている人とでは、周りの人も福の神も、どちらを応援したくなるかもうわかりますよね？

明るい笑顔は脳を明るくし、それを見た周りの人も明るい顔、明るい脳、明るい気持ちになります。そうすると人が寄ってきますし、困った時には力を貸してくれたり励ましてくれたりします。そして口角が上がっていたら、自分も素直に人に何かを頼めたり、何かしてもらって感謝する気持ちがもっともっと湧き出てきたりします。もちろん、目に見えない存在からも守られてバックアップされます。

一瞬でできてしかも効果抜群のこの開運法、すぐに実践して、「開運福顔」にな

りましょう！

世界中に、開運福顔を

顔にも多くの筋肉があり、それによって表情がつくられています。笑うときはいろんな筋肉が連動して笑顔をつくります。

笑うのも、実はけっこう大変です。ですから、よく笑う人や、素敵な笑顔がつくれる人は、顔面筋が発達した「顔マッチョ」なのです。

ご高齢になると、表情が乏しくなる方がいます。これは感情を表に出さなくなっただけでなく、筋力が低下して、表情がつくれなくなるからです。

腕や足の筋肉をつけるには、スクワットをしたりダンベルをもって鍛えたりしますが、顔にダンベルをぶら下げるわけにはいきません。

ではどうするかというと、口を大きく開けて笑ったり、一生懸命に口を動かしたりすればいいのです。ボソボソと小声でおしゃべりするのではなく、ハキハキと滑舌よくおしゃべりする。

こうしたことが**「最高の顔の筋トレ」**になるのです。

笑うというのは人気運や繁栄運にも関係してきます。いつも笑顔で表情が豊かな人というのは、周りから大切にされる「愛され運」も上がります。困ったときに人から助けられ援助もあるので、まさに「笑う門には福きたる」です。とくに鼻から上の筋肉をできるだけ上げて、たくさん笑いましょう。

メイクも大事なのですが、こうして筋肉を動かしていくことで張りも出て、健康的な「肉厚の開運福顔」が育っていきます。


自分の顔は、自分で動かすことが基本です。

動かそうと思えば、いくらでも動かせます。たくさん笑ったり、外からマッサージしたり、方法はいくらでもあります。

年齢は関係ありません。あなたが20歳でも１００歳を超えていても、いますぐに始めましょう。

国や人種も関係ありません。どこに住んでいても、顔を動かすことは、いますぐに始められます。

ニューヨークのカフェで、パリのメトロで、ロンドンのパブで、ソウルの焼き肉屋で、台北の夜市で、ゴールドコーストのビーチで……みんなが「光れ光れ」「開運開運」などと言いながらお顔をくりくりしているのを想像するだけで、楽しくて仕方がありません。

全世界に開運福顔が広がっていくことを、私は願っています。

4章

あなたも
たったいまから、
「運のいい顔」に
なりましょう

開運福顔のまとめ

開運福顔について、いろいろな話をしてきましたが、ここで少しまとめてみます。

開運福顔は、福を呼び込み、福の神に愛される顔のことです。

あなた本来の運を育て、運をいかし、運を逃さない顔のことです。

運は人それぞれ違いますが、どれも幸運で、それが顔に刻まれています。

自分の顔を好きになり、「ご自愛」することで、顔は光り始めます。

人は自然に、ぴかぴか、キラキラ光っているものに注目します。

あなたが自信のない部分も光らせてしまいましょう。隠すから目立つのです。

観相学では、顔を12のエリア（12宮）に分けています。

どのエリアも、明るく輝いているのが開運福顔です。

いつも笑顔を心がけましょう。笑顔は開運福顔の母です。

まん丸で上がったほっぺをしていると人気運も上がります。

人生の7割は眉で決まります。

眉は太く長く、しっかり描きましょう。

眉をしっかり描けば、欲しい運を手に入れられます。どんどん描けばいいのです。

眉にピンクをぬることで、強運になります。

おでこは出せば出すほど運気が上がります。

運を上げたければいますぐ口角を上げましょう。

開運福顔は、どんなものよりも効き目が早く、持続性もあります。

顔が明るくなると、脳も明るくなり、思考や行動が明るくなります。

脳が明るくなると、自信や生きる力が出てきて、顔はさらに輝きます。

この好循環で、顔と脳がどんどん明るくなり、顔の輝きも増します。

顔が光り輝くと、周りの人があなたを応援してくれるようになります。

「ご先祖応援団」からの力も得られるようになります。

その結果、さまざまなチャンスに恵まれ、運がよくなります。

お顔づくりは、あなたの中の「最強」を掘り出す作業

「仏像を彫る仏師は木の中に眠っている仏を掘り出す」と聞いたことがあります。
お顔磨きも、その感覚に似ています。
その人の中に眠っている魅力や才能を浮き上がらせる作業なのです。

あなたもご自身の中に眠らせている、本当の自分を解放してあげませんか？

この章では、顔と人生を大きく開運させた方々の例をいくつかご紹介します。
複雑なメイクや手間のかかる施術などということは一切なしに、これまで本書でご紹介してきたスキンケアやマッサージ、簡単なメイク、メイク以下の眉調整などなどで、まるで別人のようになっていることに驚かれることと思います。

こちらは吉川貴比呂さんと智子さんという40代のご夫婦です。

ご主人はYouTuber。さすがは、いま流行《はや》りのご職業。おしゃれな感じです。

奥様も、とってもおきれい。素敵なご夫婦です。

でも、「せっかくいい運をたくさんもっているのに、いかしきれていないかも？」という印象を受けました。

まず智子さんは「写真を撮らせて」と言ってスマホを向けると、まっすぐに視線をくださる落ち着いた美人です。薄めのメイクですが元のお顔立ちが整っているので、それで十分に映えます。でも、聡明さと落ち着きが、

少し重めに出ているかもしれません。

私は「ちょっとだけいいですか？」と言い、さっと軽くメイクをさせていただきました。

2分後、彼女はこうなりました。

同じ美人なのに、印象が違うと思いませんか？

私がしたのは4つです。
①おでこにクリームを少し塗ってつやを出した
②頬の高いところにピンクのチークを少し入れた
③眉と目の間に白＆ベージュを入れた
④眉をほんの少し太く、長く描き足した
たったこれだけです。

美人で聡明なのは同じですが、明るさと親しみやすさが前面に出てきています。これが本来の彼女の魅力です。

スマホを向けると、自然に笑顔です。

これが「開運福顔」なのです。

いっぽう、ご主人の貴比呂さんですが、観相学的には、明るくて、知的、才能豊かなことは、顔のパーツから見てとれます。

私が「ご主人もとてもいいお顔。さらに運が開けるように眉を少し描き足してもいいですか？」と言うと、彼は奥様の変貌ぶりを見ていたので興味津々。「お願いします」と応じてくださいました。

2分後、彼はこうなりました。

印象がガラッと変わったと思いませんか？

私がしたのは3つです。

①おでこにオイルを少し塗ってつやを出した

②右の眉と左の眉の、不ぞろいだった形や長さを均一にした

③ごく細くアイラインを入れた

たったこれだけです。髪型もヒゲも同じ。

YouTubeで彼の動画を見たとして、前者と後者ではどちらが反応がよいでしょうか。

メイクをしたあとの彼のほうがなんとなく「楽しい！」「明るい！」という空気が出ていると思いませんか？

奥様も大喜び、ふたりで笑顔になって我が家を後にしました。これが「開運福顔」なのです。

顔を変えれば脳が変わり、脳が変われば人生が変わる

開運福顔は、福を呼び込み、人からも福の神からも愛される顔。

それだけではありません。

「開運福顔」にした顔を鏡で見ると、その瞬間に、自分自身が変わります。

無意識のうちに、自分の顔を愛し始めるのです。

先ほどの吉川さんご夫妻もそうです。2枚目の写真を撮るときに、こちらが何も言っていないのに一転して笑顔になったのは、このためです。

ご自身の「開運福顔」を鏡で見た瞬間に、脳がコロッと変わったのです。

開運福顔になると自分の顔を見るたびに「あれ？　私の顔、なんかいいじゃん」

と無意識下で感じるようになります。

すると、これまで鏡をあまり見なかった人も見るようになり、鏡をよく見ていた人はさらに見るようになる。そのたびに自分の顔への「いいね！」が積み重なっていきます。

こうなると、顔は変わり始めます。同時に、自分の顔がどんどん好きになり大切に思えてくる。そして、マッサージをして顔をなでたり、せっせとスキンケアをしたり、出かけない日もメイクをしたり、顔をかわいがるようになります。

こうして「開運福顔」はどんどん育っていくのです。


ほかにも、顔と人生ががらりと変わり、どんどん開運している方は私の友人知人にクライアント、生徒さんまで、山ほどいらっしゃいます。

その中から、ビフォーとアフターの写真つきでもう3人ほどご紹介します。

3人とも私の講座を受けて「開運福顔」に目覚め、熱心に勉強し　いまでは講座の講師として後進の指導にあたっています。

まずは三澤威さん。こんなにやさしいお顔立ちの素敵な方ですが、彼はなんと元プロレスラーで、現在は新日本プロレスのメディカルトレーナーとして、選手のトレーニングメニューを作成したりもしています。つねに予約でいっぱいの整骨院の先生でもあります。運動・健康関係の著書やDVDも多く出版しているほか、講演やセミナーにもひっぱりだこです。

彼は私のメイクを学び、開運洗顔をし開運眉を描くようにしてから、久々に会う人から「若返ってますよね!?」と言われることが多くなったそうです。その割合はなんと9割くらい。ほとんど、ということですね。

現在、50歳になり、もう新たな出会いはなくていいかなと思っていたそうですが、出会いのほうが彼を放っておきませんでした！どんどん新たな出会いとご縁が増える一方、新たな仕事も次々と始まっています。

そして、縁が縁を結び、仏道を学び得度をして「お坊さん」にもなってしまいました。この行動力はすごいです。

坊主頭に開運眉で、仲間内では、「お坊さんになるための顔」とまで言われているとのこと。

これからまたどんなよい縁と運が訪れるか、ますます楽しみにしているそうです！

そして上野潤子さん。彼女はもともとの顔立ちが華やかで人の目を集めるものでしたが、開運福顔を学ぶことによって360度全方位に美しくかつ幸せなオーラがこれでもかとあふれ出ています。

それだけではなく、やわらかい雰囲気も出てきて「かわいい！」と言われることが増えたそうです。

ご自分でも「以前の自分に比べるとさらに自分に自信がもて、運が呼び込める人になれた気がします」とおっしゃっています。その通り、彼女はTV出演など、表に出ることが多くなっています。この輝きを社会が見過ごすわけがありません。

「開運福顔パワーが背中を押してくれて、恐れることなくさらにいろいろなことにチャレンジできる自分になれた気がします」とつねに前向きで素敵なこの女性、何歳くらいだと思いますか？

　女性の年齢を言うなどマナー違反ですが、彼女はそれも込みで「奇跡」なので、みなさんにお教えします。

　なんともうすぐ72歳！　あこがれますよね！

　みなさんも開運福顔で、彼女に続いてください。

最後は彩園なおこさん。企業の経営コンサルタントをしています。また、「資質開運アドバイザー」という肩書きのもと、「自分の価値をどう上げるか」「自分自身を資産として高める開運法」などを教えています。

彼女も私の講座でメイクを学んで開運福顔になってから、外見や印象はもちろん、内面まで変化が起きたといいます。

とくに開運マッサージと洗顔は「自分と向き合うご自愛タイム」と大事にしてくださっていて、マインドフルネス効果があるそうです。おかげで、仕事で忙しいにもかかわらず、とても穏やかでやさしい毎日をすごしていらっしゃるとのこと、私も本当にうれしいです。

その仕事では、大きな仕事がどんどん入るようになり、新しい出会いにもたくさん恵まれ、お会いする方々に「いいお顔ですね。こちらまで幸せな気分になります」と言っていただけることが増えたそう。先日は、「弁財天様のようなご尊顔」とおっしゃってくださった方までいたとのことです。

メイクで欲しい運をまとった自分の開運福顔を見ると、「今日もご先祖や神様に応援されている！」と思えて、力が湧いてくるそうです。

本当に素敵なご縁に恵まれているだけでなく、「あなたと会うとラッキーなことが起きる」とおっしゃってくださる方が増えたというご報告をいただいています。すばらしいですね。これからどんなことが起きるのか、私も楽しみです。

「運をいかす生き方」をしましょう

人生には「3つの運」があると私は学びました。

もって生まれた運、努力で変えた運、人からもらう運です。

おじいちゃんも、お父さんも、僕もずっと貧乏という人がいます。「だから僕も貧乏なんだ」と運のせいにすることもできます。でも、それを努力で変えた人はたくさんいます。

たとえば、ソフトバンクグループの創設者の孫正義さんも、そのひとりでしょう。おじい様は大変なご苦労をされたそうですが、お父様は商売で成功し、一気にお金持ちになります。その「金運」に乗ることもできたのでしょうが、孫さんは高校を中退。その後の行動力とご活躍は、よく知られるところです。自分の努力で次々と運を開いてきたのです。

松下電気器具製作所（現・パナソニック）を創業した松下幸之助さんは、人からもらう運を大事にしていました。「松下は運のいい人が欲しい」と言って、採用面接でも「運」について問うたそうです。「自分は病弱だったから、すべて人に任せました。結果的にはそれで人が育ち、事業が成功しました」という名言があります。自ら運を開いていける人を大事にしたのです。

あなたはどんな運を大事にしたいと思いますか？

運が面白いのは、運がよくなって何か成功すると、ポンと運のいい顔になることです。その顔で次も成功する。すると、また運の強い顔になる。

こうやって**運を少しずつ育てながら、運が育つ顔も育てていっている**のです。

だから、運も顔も、どんどんよくなっていきます。

開運福顔は、その顔に磨きをかけることです。顔を磨き、光らせることで、もっている運を育て、努力で変えた運をいかし、人からもらった運を逃さないという「3つの運」すべてをいかすことができるのです。

そしてもうひとつ、開運福顔になると周りにいる人も幸せな気持ちになれます。「運のおすそ分け」までできてしまうところも、開運福顔のすばらしさなのです。

さて、あなたはどんな運が欲しいですか？　どんなふうに運をいかしますか？　運とどう付き合うかは、あなたが決めることです。それによって、人生は大きく変わります。

エピローグ

オーストリアの画家クリムトの作品に、「人生は戦いなり（黄金の騎士）」という絵があります。1903年に描かれた作品で、現在は愛知県美術館の所蔵です。

新しい芸術の旗手であったクリムトは、常識や世論や派閥など、さまざまなものと戦っていました。鎧《よろい》をまとい、右手に剣を掲げ、直立して馬に乗る騎士が描かれていて、とても印象深いです。

人生はある意味戦いの連続とも言えます。みなさんも日々、いろいろなものと格闘していることでしょう。

そして、いまここが戦場だとしたら、丸腰でうろうろしているわけにはいきません。

だから私は、みなさんに武器をお配りしたい。「運がどんどんよくなってしまう開運福顔」という武器を。

これはあなたの武器にもなりますが、あなたを守る楯《たて》にもなります。

開運福顔をもつことによって、大難が小難になり、小難は消えていきます。

私は、世界中のすべての人に、この開運福顔を伝えたいと思っています。そして開運福顔の人が増えていけば、世界は一変すると思っています。

開運福顔によって脳が変わると、明るいことしか考えられなくなります。

すると、人生に楽しいことが増えていきます。争いがなくなっていきます。

あなたの運だけでなく、世界中の人の運が、どんどんよくなっていくのです。

私は子どもの頃から「顔」が好きでした。でも、自分の顔にはまったく自信がなかった。

病院の先生にも、この顔や肌は治らないからあきらめろとまで言われました。

でも私はあきらめなかった。あきらめたくなかったのです。

だからずっと地道に「ご自愛」を続け、運も味方にしながら、「いつかきれいになるんだ」と思ってここまできました。

そんな**「あきらめきれなかった私」からあなたに、「あきらめないパワー」を、お届けできたでしょうか？**

あきらめなかったから、観相学にも出会えました。

私を変えてくれた、本の中の「運がいい鼻だ、幸せになる鼻だ」というひと言。

それは、暗闇に差した光のようでした。

その瞬間、私は変わったのです。脳が変わり、顔が変わりました。

人生も変わりました。

それ以来、今日まで**「顔」と「運」をよくすることに全力を傾けてきました。**

人と幸運に恵まれ、おかげさまで、さまざまなことがわかりました。得た経験は余すことなく、お顔鑑定や開運福顔づくりに注ぎ込んでいますし、これからもそうしていきたいと思います。


真実はとてもシンプルです。

顔を明るくすれば、脳が明るくなる。すると現実が好転し、運がよくなる。

このように1行で済んでしまうものです。

人生はなかなか大変です。うまくいかないことも多いでしょう。どうしようもなく心が暗くなるときもあります。

だからこそ、どんなときでも、顔を明るくし、脳つまり考え方を明るくし、ひいては運をよくしていってほしいのです。

私は講演やセミナーに呼ばれることも多く、コロナ前はそれこそ日本全国あちこちにうかがいました。飛行機での移動もあり、窓側の座席から眼下に広がる風景を見ると、いつも思うことがありました。

それは、あの小さな家や建物、車の中にはたくさんの人がいて、それぞれに生活があり、そしていろいろな悩みもあるということ。でもそのすべての方に共通するのは、**「みな、顔をもっている」ということ**。そしてその**「顔」が、実はその人の悩みを解決する手助けになるかもしれないということ。**

私はそのために今日もこの「開運福顔」をひとりでも多くの方にお伝えしようとがんばっているのだ、と、窓の外を見ながら改めて思っていました。

世界中の誰もが、自分の顔を好きになり、どんどん開運していったら、これ以上うれしいことはありません。

この本では私が講座やセミナーや鑑定でふだんお教えしていることの中から、本当に基本的で、でもとても大切なことだけを厳選して書きました。

でも、あなたにお伝えしたいことは、本当はもっとたくさんありすぎました。顔と運が大好きな私は、このことについて話し出すと、いくらでも話してしまいますし、話したいのです。

この本を読んで開運福顔のことをもっと知りたいと思ってくださったら、私のホームページやオンラインセミナー、ＬＩＮＥ講座などにぜひ遊びにきてみていただけたらうれしいです。

あなたのこれからの人生にいいことがたくさん起こることを、心からお祈り申し上げます。

木村れい子

謝辞

この本の出版は、多くの方の支えと励ましのおかげです。心からの感謝でいっぱいです。

いつも私を認めておしみないバックアップをしてくださるゼロポイント・アプローチ創始者の橋本陽輔先生。

波動サミットに登壇させてくださった望月俊孝先生。

暖かく大きな愛で丸ごと応援してくださるみやがわみちこさん。

素晴らしい方たちといつもつないでくださる大山峻護さん・桜華純子さんご夫妻。

魂から明るく励ましてくださるはせくらみゆきさん。

「人生は光り輝くおでこと眉」と言ってくださる山﨑拓巳さん。

私のことをセミナーでもお話しくださる佐野浩一社長と親愛なる佐野ゆかりさんご夫妻。

心を持ってホームページの制作を助けてくださる村上良社長。

私を認めていつも多大なる力を貸してくださる池田輝男社長。

心溢れるアドバイスを丁寧にくださる白岡三奈さん。

いつも一心同体で支えてくださる日本開運学協会の億女クラブ講師の方々。

明るい笑顔で養成講座を盛り上げてくださる日本開運学協会の認定講師の方々。

「私の師匠！」といつもＳＮＳなどで盛り立ててくださる、本書にも登場のジュンジュンこと上野潤子さん。

本書にも登場、開運眉を毎日実践して運をどんどん開いている三澤威さん。

開運福顔になり本書にも登場、協会を盛り上げる隊長の彩園なおこさん。

いつもずっとそばにいて、ＳＮＳ発信の力を貸してくださる高橋美佐子さん。

本を出すことを励まし続けてくださったつだゆみさん。

いつも私のできないことや不得手な分野を全力で応援してくださる本合直子さん。

広い心で私を理解して面白がってくださり大きな力を貸してくださる忰田雅彦先生。

そして息子の翔平。私の苦手なパソコン関係の仕事をいつも手伝ってくれて、できない分野をずーっと応援し続けてくれてありがとう。

最後に、現在98歳のお父さんと90歳のお母さん。「美人でなくてもいいからチャーミングな女性になれ!!」と、私を大きな親の愛で64年間ずーっと励まし続けてくれたこと、そして私の開運福顔の長年の実践者として元気に幸せで長生きし、結果を出し続けてくれていること、本当にありがとう。私は父と母の子どもだということが誇りです。

参考文献

『パラレル・ワールド移動メソッド ゼロポイントマジック 1分で人生が変わる』 橋本陽輔（ヴォイス）
『どんなに硬いカラダも〝ピンク色〟を1分間見るだけ！ グニャーッと曲がり、健康になる ピンク色のすごい魔法』 橋本陽輔［監修］、日本ゼロポイントアプローチ協会［編著］（ヒカルランド）
『効果《超》グレードアップ！ 完全版 悟る技術』 橋本陽輔（ヒカルランド）
『長所伸展の法則』 船井幸雄、小山政彦（ビジネス社）
『人間のあり方――われわれの本質は宇宙意志と一体、希望を持って生きよう』 船井幸雄（ＰＨＰ研究所）
『百匹目の猿』 船井幸雄（サンマーク出版）
『法則』 船井幸雄［著］、サンマーク出版編集部［編］（サンマーク出版）
『運をつかむ――幸せをよぶ１６８の知恵』 藤木相元（ＰＨＰ研究所）
『運を呼び込む成功顔になりなさい』 藤木相元（かんき出版）
『あなたのよろず悩み事 魂レベルでスッキリ解決』 みやがわみちこ（ヒカルランド）

『不完全なまましあわせになろう！　なんでも仙人流悩みゼロの教え』　みやがわみちこ（ヒカルランド）
『一寸先は光です』　はせくらみゆき（青林堂）
『はせくらみゆき画集「ガイアの祈り」』　はせくらみゆき（きれい・ねっと）

木村れい子（きむら・れいこ）

1957年鎌倉生まれ。日本開運学協会理事長兼家元。開運福顔の専門家・開運美容家・お顔の顔相士。「運」は顔から始まると、40年以上にわたり東洋の観相学・人相学・脳科学・開運術を研究し、これまでのお顔鑑定の人数は1万人以上に及ぶ。自分の顔のすばらしい運を知り、顔を磨き上げて福相になることで福の神に愛されるお顔づくりを推進。額と眉を光り輝かせることで開運する「顔相学」と「開運美容」を掛け合わせてできた独自の「開運ラッキーメイク」は、「運を味方につけ、ツキを呼びこむメイク法」として、コロナ以降のこの新しい時代に大注目を浴びている。

お顔の顔相士・開運ラッキーメイクセラピスト・開運造形美容講師・開運骨盤底筋ヨガ＆女性ホルモン力指導講師などを養成するほか、講演やセミナーも精力的に行っている。

日本開運学協会ホームページ　https://nihon-kaiun.com/

すべての運がたちまち目覚める
「開運福顔」のつくり方

2021年12月25日 初版発行
2024年 5 月30日 第4刷発行

著 者 木村れい子
発行人 黒川精一
発行所 株式会社 サンマーク出版
東京都新宿区北新宿 2-21-1
(電)03-5348-7800
印 刷 三松堂株式会社
製 本 株式会社若林製本工場

落丁・乱丁本はお取り替えいたします。 定価はカバーに表示してあります。

ISBN978-4-7631-3952-8 C0076
ホームページ https://www.sunmark.co.jp

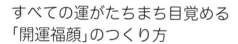